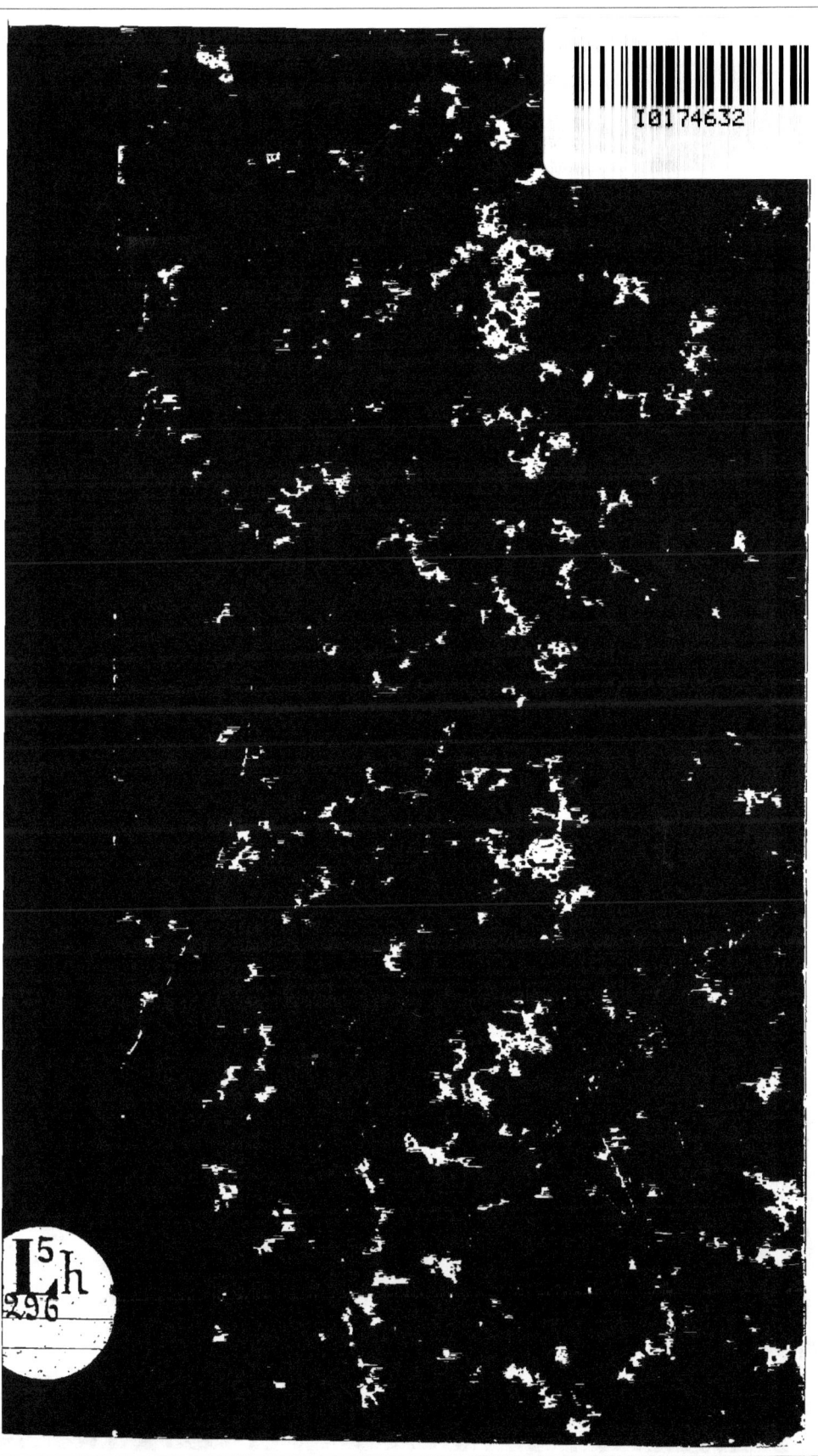

SIÈGE DE CADIZ,

PAR

L'ARMÉE FRANÇAISE,

EN 1810, 1811 ET 1812.

De l'Imprimerie de A. BOBEE, rue de la Tabletterie, n°9.

SIÈGE DE CADIZ,

PAR L'ARMÉE FRANÇAISE,

EN 1810, 1811 ET 1812.

DÉDIÉ A M. LE GÉNÉRAL FOY,

PAR EUGÈNE DE MONGLAVE.

AVEC UN PLAN DE CADIZ ET DES ENVIRONS, D'APRÈS UN DESSIN DE M. LE COLONEL BORY DE SAINT-VINCENT.

>   Inclita bello
> Mœnia.
>   Virg. Æneid. L. I.

PARIS,

Ponthieu, Libraire, Galerie de Bois, Palais-Royal;
Tous les Marchands de nouveautés.

1823.

AU GÉNÉRAL FOY.

Mon général,

Qu'est-ce qu'une épitre dédicatoire?....... C'est presque toujours un traité conclu entre un écrivain qui cherche à s'avilir, et un grand seigneur qui croit s'immortaliser en soudoyant la bassesse. Ils arrêtent ensemble, et la dose d'encens que fournira le premier, et le salaire par lequel le second l'en récompensera. L'un et l'autre ne rougissent pas de ce misérable trafic, également indigne du talent et de la grandeur.

J'ose me soustraire à cet usage humiliant. Ma plume sera toujours aussi libre que ma pensée; assez d'autres, sans moi, mendient des acheteurs.

A qui doit s'adresser naturellement la Dédicace d'un Episode de la guerre d'Espagne ? N'est-ce pas à l'un de ces braves qui parcoururent tant de fois cette Péninsule en triomphateurs, et dont le boulevard des Cortès n'eût point arrêté le courageux élan, si le peuple qui combat pour son indépendance n'était pas toujours invincible.

Mon général, l'estime publique vous environne; votre épée fut longtemps le soutien de la patrie; votre voix éloquente sait aujourd'hui défendre ses droits. Les partisans de l'esclavage frémissent à votre aspect; votre nom ira glorieux à la postérité.

Je m'aperçois que, sans m'en douter, je fais votre éloge ; pardonnez-le-moi, mon général : cet éloge n'est-il pas dans tous les cœurs vraiment français comme dans celui de

Votre très humble
et très obéissant serviteur,

Eugène de Monglave.

UN MOT AU LECTEUR.

S'IL est un spectacle digne du burin de l'Histoire, c'est sans contredit l'héroïque résistance de Cadiz aux armes du plus fameux des conquérants.

L'Espagne pliait sous le joug; ces fiers Castillants, naguère si jaloux de leur indépendance, avaient renoncé presqu'entièrement à d'inutiles efforts. Le frère du vainqueur tenait les rènes de l'état, et chaque jour quelque nom de l'ancienne monarchie venait se rallier aux destins de la nouvelle. Ferdinand, prisonnier à Valençay, loin de montrer dans les fers de son ennemi cette noble résistance qui relève si bien l'éclat du diadême, courait servilement au-devant de tous ses désirs, obtempérait à toutes ses volontés, et ne demandait à Napoléon, pour récompense de sa soumission, que la main d'une princesse de sa famille ou de son choix.

Le souverain était dans les fers, et Cadiz combattait encore pour lui. Le maréchal Victor, duc de Bellune, chargé d'en poursuivre le siège sous les ordres du maréchal Soult, se trouvait arrêté devant cet inexpugnable boulevard de la liberté espagnole. Sans s'inquiéter, ni du bruit de notre artillerie, ni de la présence des troupes françaises, si long-temps victorieuses, les cortès continuaient paisiblement le cours de leurs travaux, et élevaient durant l'absence de leur monarque, ce code national qui devait à son retour prescrire la limite de son pouvoir, et sanctionner de nouveau son union avec ses peuples.

Cette époque était trop mémorable pour que le

souvenir n'en fût pas religieusement conservé, d'une part, pour prouver qu'il y a certains obstacles devant lesquels tout le talent, tout le courage, se voient forcés d'échouer ; de l'autre, pour apprendre à la postérité que le vaincu ne doit désespérer de rien, tant qu'il lui reste du cœur, des armes, et un bastion pour se défendre.

Mais où trouver la lumière, dans la foule des monuments historiques qui nous environnent? La cherchera-t-on dans les bulletins des deux armées? Hélas! ce n'est pas d'aujourd'hui seulement que la jactance des guerriers et l'astuce diplomatique ont trouvé le secret de corrompre la franchise des camps. A Dieu ne plaise que nous cherchions à rabaisser le courage de nos soldats ! L'Europe en conservera long-temps la mémoire. Mais ces soldats étaient-ils invulnérables parce qu'ils étaient braves? et une batterie bien pointée sur nos régiments, ne doit-elle leur enlever aucun homme, parce qu'ils marchent à sa conquête l'arme au bras ? Comment se fait-il que, dans une affreuse mêlée, où la position, l'adresse, le courage et le nombre sont égaux de part et d'autre, la mort respecte nos soldats, tandis qu'elle frappe impitoyablement les ennemis? Ah! je le vois, ce n'est pas sans motif que l'on a dit qu'après la bataille les deux armées chantaient le *Te Deum*. On a toujours pensé qu'en atténuant les défaites, et en grossissant les triomphes, on parviendrait à égarer l'opinion publique, cet Argus qui surveille la marche des gouvernements. On s'est trompé ; on se trompe encore. Le ciel ne permettra pas qu'on se trompe toujours ! Tôt ou tard la vérité perce; sa lumière bienfaisante dessille les yeux du peuple et fait pâlir le mensonge.

Consulterons-nous avec plus de fruit les rapports et les mémoires des généraux? je ne le crois pas. Forcés, dans les premiers, de ménager la susceptibilité du pouvoir, ils écrivent la copie des bulletins officiels, et travaillent exactement sur le thême qui leur a été donné. Eblouis dans les seconds, par cet amour de la patrie, qui n'est jamais plus fort que lorsqu'on s'en trouve éloigné, et par cet attachement naturel qu'un chef porte toujours aux compagnons de ses fatigues, ils cèdent à l'impulsion de leur cœur, et s'abandonnent à la partialité, tout en ne croyant suivre que leur conscience.

Discerner le vrai du faux est la tâche de l'historien, et cette tâche n'est pas facile à remplir. J'ai consulté plusieurs témoins oculaires de l'un ou de l'autre parti; j'ai médité plusieurs relations françaises, anglaises, espagnoles, portugaises. Persuadé que du choc des opinions jaillissait la lumière, j'ai rapproché tous ces divers témoignages, j'ai comparé leurs évaluations numériques, leurs positions, leurs époques. Oubliant tout ce que mon travail avait de pénible et de minutieux, je l'ai poursuivi sans me laisser décourager par les différences continuelles, les contradictions innombrables, qui semblaient s'accroître à mesure que j'avançais.

Qu'on me permette de consigner ici le tribut de ma reconnaissance envers les personnes qui ont bien voulu m'aider de leurs conseils et de leurs renseignements. Je dois une mention particulière à MM. G...., officier distingué, qui fut détenu à bord du ponton la Castille; Guérin, lieutenant d'artillerie, maintenant en retraite; Paulmier, ancien administrateur, et au capitaine de génie espagnol don Antonio Landa y Rodriguez qui, au moment que j'écris, défend pour la seconde fois, les remparts de Cadiz.

Je saisis également cette occasion pour remercier M. le colonel Bory de Saint-Vincent, que sa position dans la guerre de 1808 à 1813 a mis plus que personne à portée d'observer les lieux et les événements, et qui vient d'ajouter un nouveau titre à sa gloire en publiant un ouvrage qui ne laisse rien à désirer sur la Péninsule. Cet officier si avantageusement connu dans les sciences, dans les lettres et dans l'ancienne armée, a bien voulu lire notre manuscrit, et le jugement qu'il en a porté est trop flatteur pour que nous ne supposions pas à notre travail au moins le mérite de la fidélité. Telle est la confiance qu'il lui a paru mériter, qu'il l'a jugé digne d'être enrichi d'un plan des environs de Cadiz, fruit de ses propres reconnaissances, durant le siège dont il dut par état suivre les opérations.

Les gens qui veulent des allusions partout, ne manqueront pas, de chercher des rapprochements entre les événements que j'ai décrits et ceux dont les mêmes lieux sont aujourd'hui le théâtre. Je proteste sur mon honneur, que je n'ai eu l'intention d'établir aucun parallèle entr'eux. J'ai pu raconter librement ce qui se passa en 1810, 1811 et 1812 : le moment n'est pas encore venu d'écrire l'histoire de 1823.

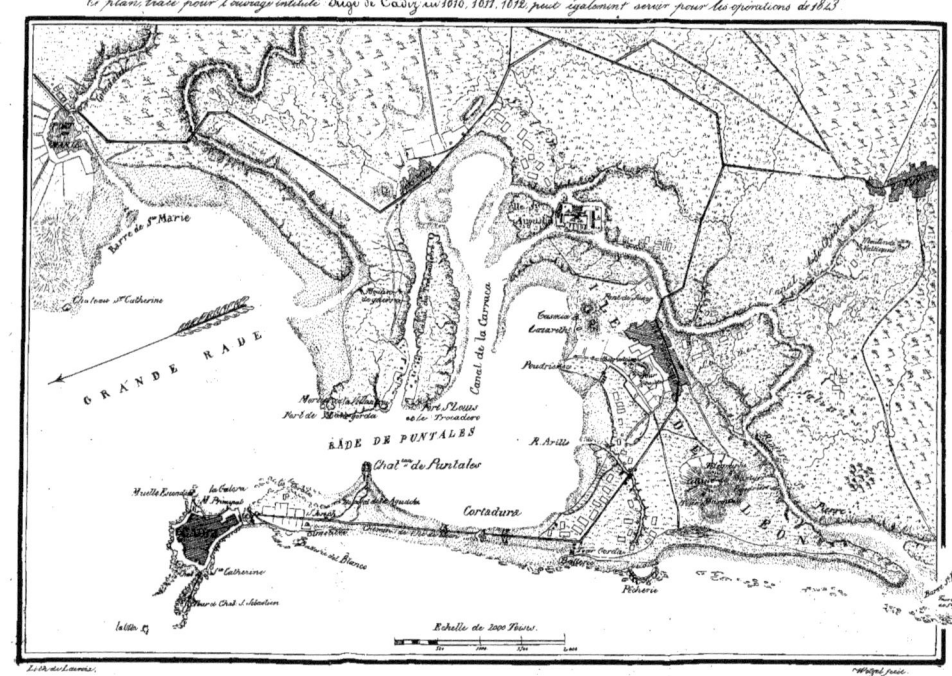

PLA[N]

d'après un des[sins]
Ce plan, tracé pour l'ouvrage intitulé

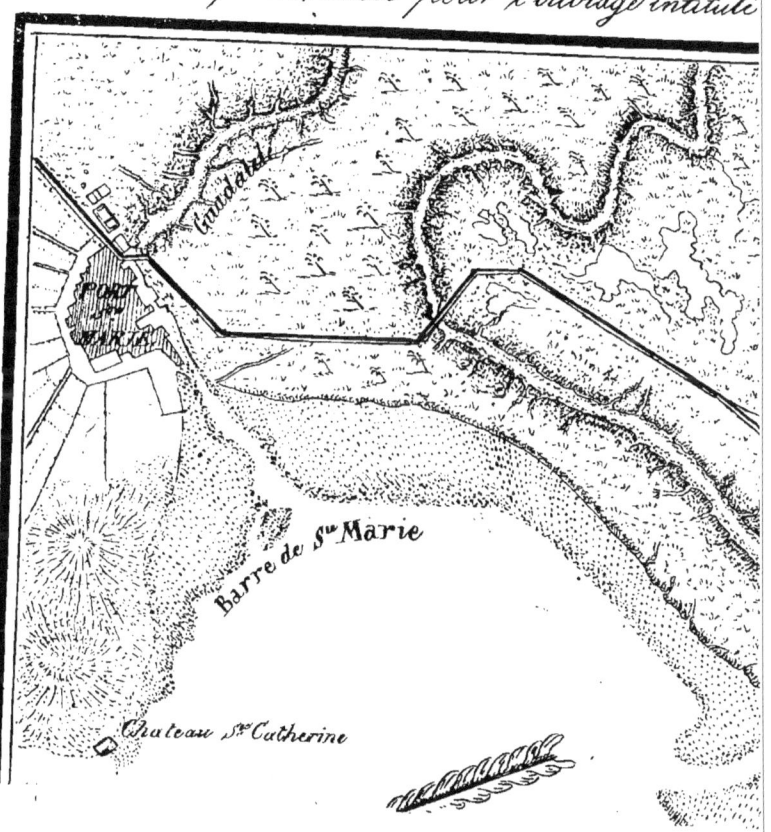

SIÈGE DE CADIZ,

PAR L'ARMÉE FRANÇAISE,

EN 1810, 1811 ET 1812.

CHAPITRE PREMIER.

Situation de l'Espagne au commencement de l'année 1810.—L'empereur Napoléon adopte l'idée du siège de Cadiz.—L'armée française commandée par le roi Joseph en personne, franchit la chaîne de montagnes connue sous le nom de Sierra Morena. Elle entre dans l'Andalousie.—Beaux faits d'armes du général Sébastiani. Prise de Malaga et de Séville.—Cadiz est presque sans défense, mais un jour perdu devant Séville, donne au duc d'Albuquerque le temps de s'y jeter avec 6,500 hommes. Le maréchal Victor chargé du blocus de la place n'arrive que le lendemain sur les rivages de la baie.—Il s'empare, après douze jours de siège, du fort de Matagorda.

Au commencement de l'année 1810, la plus grande partie de l'Espagne s'était soumise à nos aigles victorieuses. Nos troupes occupaient une portion des Asturies, sous les ordres du brave général Bonnet qui était presque parvenu à pacifier cette province. Les communications entre Madrid et Bayonne étaient à peu près libres et la grande route qui joint ces deux villes, entièrement purgée des bandes qui l'avaient si longtemps infestée. Sur la frontière de Portugal, était échelonné le sixième corps: le septième occupait la Catalogne toute entière, tandis que le général Suchet, vainqueur en Arragon, observait le petit nombre de places que l'ennemi occupait encore sur les rives de l'Ebre et de la Sègre. Enfin le maréchal Victor sur le Tage n'attendait plus que des ordres pour agir en Estramadure.

La Junte centrale établie durant la captivité de Ferdinand, ne voyait pas sans effroi le succès de nos armes : elle s'était bercée quelque temps de l'espoir de voir échouer les négociations de la France et de l'Autriche. Le traité de paix conclu entre ces deux puissances fut pour elle un coup de foudre ; elle ne douta point dès lors que Napoléon ne mît tout en usage pour pousser avec une nouvelle activité la guerre qu'il faisait au peuple Espagnol.

Le moment était favorable pour soumettre, sans de grands efforts, tout ce qui résistait encore dans le midi de la Péninsule; lord Wellington et les généraux Espagnols se reprochaient mutuellement le mauvais succès de leurs dernières entreprises. Lord Wellington se plaignait hautement de n'avoir pas été secondé dans ses opérations : il accusait Castaños et le duc de l'Infantado d'une incapacité qui, disait-il, ne pouvait manquer d'être toujours funeste à la cause qu'ils étaient appelés à défendre. De leur côté les Espagnols justement indignés de l'orgueil insupportable de leur collègue, refusaient d'agir de concert avec lui ; les esprits s'aigrirent, et lord Wellington, abandonnant ses alliés, rentra en Portugal avec toutes ses forces.

Ce fut par une retraite précipitée que se terminèrent sa grande marche sur Madrid, et son prétendu succès de Talavéra. Cette célèbre et sanglante journée, où les fautes furent égales de part et d'autre, ayant déterminé la fuite des Anglais, et le maréchal Soult avec les maréchaux Ney et Mortier, occupant tout le pays conquis entre le Tage et le Duéro, on pouvait considérer la moitié septentrionale de la Péninsule, comme soumise aux troupes impériales.

« Cependant, dit M. Bory de Saint-Vincent, (Guide du voyageur en Espagne, Dédicace) Saragosse était inutilement tombée ; en vain le général Sébastiani venait de vaincre à Almonacid, et le maréchal duc de Bellune secondé du général Latour-Maubourg, faisait un épouvantable massacre d'Espagnols à Medellin, les reconnaissances qu'on poussait sur la Manche annonçaient une réunion importante de forces sous le commandement d'Arissaga. On parlait d'évacuer Madrid ; le maréchal Soult qui venait d'être élevé aux fonctions de major-général fut d'un autre penser, et proposa au contraire de marcher à l'ennemi. Le général Béliard demeura presque seul dans la capitale, où son courage calme contint les esprits agités. Toutes les forces disponibles furent dirigées sur la Manche, et la célèbre victoire d'Ocaña ouvrit au roi Joseph la route de l'Andalousie. »

Cependant les délais qu'avaient entraîné mille incertitudes et de sanglantes opérations militaires, donnèrent à la Junte centrale, réfugiée à Séville, le temps de prendre toutes les mesures convenables pour repousser la force par la force. Un ordre général fut envoyé à tous les officiers commandant les débris de l'armée espagnole disséminés dans la province, à tous les chefs de partisans qui manœuvraient dans le voisinage, de se réunir sur le champ le long de la Sierra Morena, afin de défendre les passages qui coupent cette chaîne de montagnes.

L'ennemi avait eu tout le temps de se fortifier lorsque une résolution vigoureuse du chef de l'armée française vint déconcerter ses plans. Le maréchal Soult ayant décidé le roi à marcher sur Cadiz, ce prince réunit à sa garde les corps des maréchaux Mortier et Victor, celui que commandait le général Sébastiani et la division Dessolles; on suivit la grande route jusques au cœur de la Manche, d'où l'on se divisa pour franchir par trois points cette Sierra Morena, où l'on s'attendait à trouver tant d'obstacles et qui n'en présenta point.

La résistance des Espagnols ne fut pas telle, que d'immenses préparatifs avaient dû le faire croire. Se voyant débordés par les deux ailes, ils battirent promptement en retraite comptant sur l'effet de quelques mines qu'ils avaient laissées derrière eux ; presque toutes éclatèrent fort mal à propos, et une seule incommoda faiblement nos troupes. La route fut bientôt rétablie, de sorte que l'artillerie et la cavalerie purent continuer librement leur marche.

Dans cette expédition, le brave général Sébastiani fut dirigé par la gauche et se couvrit de gloire, suivant sa coutume : il passa le Guadalquivir le 21 janvier, poursuivit l'ennemi jusqu'auprès d'Alcala-Réal, le joignit et le mit dans une déroute complète. Se portant ensuite sur Malaga, en laissant Grenade à gauche, il rencontra de nouveau une forte colonne espagnole le 5 février, l'attaqua vigoureusement et la culbuta dans toutes ses positions.

Cette colonne avait pris la fuite si rapidement que nos cavaliers n'avaient pu l'atteindre : elle fit volte-face à l'entrée de la ville, et résolut d'attendre les Français de pied ferme. Les nôtres, ne calculant pas leur infériorité numérique, fondent sur elle comme l'éclair ; ils allaient peut-être payer cher leur audace, mais le général Sébastiani ayant paru sur la grande route avec quatre régiments d'infanterie, l'ennemi ne songea plus qu'à chercher un refuge dans la ville. Nos cavaliers ne balancèrent pas à le suivre, un combat horrible s'engagea dans les rues; le feu qu'on ne cessait de faire des toits et des fenêtres était si vif, si bien nourri, il incommodait tellement nos braves, qu'ils se virent un instant presque forcés à battre en retraite. Heureusement qu'ils furent secourus à temps par les régiments à la tête desquels marchait Sébastiani; dès lors toute résistance cessa. Les habitants avaient violé les droits de la guerre, le vainqueur aurait pu sévir contr'eux : quoiqu'il eût à regretter plusieurs de ses vieux compagnons, il dédaigna une vengeance aussi facile, et la ville n'eut point à regretter de s'être rendue sans aucune stipulation.

Cent quarante pièces de canon de tout calibre, vingt-trois pièces de campagne destinées à l'armée de Catalogne et qui devaient être incessamment embarquées, de grands approvisionnements, beaucoup de munitions de guerre, furent le résultat de cette journée qui immortalisa nos troupes et leur brave général. Les Espagnols eurent plus de 3,000 hommes hors de combat, notre perte fut beaucoup moins considérable.

La place était commandée par un capucin qui, au moment de l'action, parcourait les rues le sabre d'une main et de l'autre l'image d'un Dieu de paix. Ce religieux eût mieux fait sans doute de ne pas quitter son couvent, et de laisser à un chef plus habile le soin de diriger l'élan d'un peuple qui ne demandait qu'à combattre pour son indépendance.

Durant ce temps le roi était parvenu à Cordoue, où demeura le général Dessolles avec sa division. Le maréchal Soult fidèle à son plan d'opération, et bien persuadé que c'était sur Cadiz que devaient se porter les grands coups, détermina le roi Joseph à diriger vers cette place le corps du maréchal Mortier; celui-ci en avant-garde se trouvait à Ecija, et pouvait s'y rendre facilement par Utrera, mais il fallait laisser sur sa droite Séville encore insoumise. La garnison de Cadiz était toujours la même; on y attendait à chaque instant le duc d'Albuquerque venant de l'Estramadure à la tête de 6,500 hommes. Il était donc urgent de s'emparer de l'île de Léon pour pouvoir de là lui fermer l'entrée de la place, le forcer à rebrousser chemin et marcher ensuite plus sûrement à la conquête du premier boulevard de l'Espagne.

Le duc de Dalmatie ne put obtenir du roi qu'on brusquât les choses, et le prince ne voulut absolument pas qu'on disposât des corps des maréchaux Mortier et Victor, avant qu'il ne connût l'issue de l'expédition du général Sébastiani contre Malaga, et que la populeuse Séville n'eût ouvert ses portes; il craignait par dessus tout d'aller exposer des troupes dans les environs de Cadiz, avant d'avoir reçu de ses émissaires des données plus certaines sur les fortifications qui couvraient la place et les troupes qui y étaient renfermées.

Cependant le duc de Bellune fut dirigé sur Séville. Cette ville sommée de se rendre, prolongea suffisamment les négociations pour permettre à la Junte centrale et aux forces qui l'escortaient, de s'éloigner paisiblement. Le maréchal, qui pouvait avec dix coups de canon enfoncer une des portes de la cité et s'en rendre maître en deux heures, demeura deux jours sous ses murs, tandis que le roi s'était porté dans Alcala de Guadaira. Quand tout eut plié bagage et fut hors des atteintes de l'armée française, Séville capitula, livrant au vainqueur une grande quantité d'approvisionnemens et de munitions, une fonderie, une fabrique de poudre, un arsenal et 233 pièces de canons de place dont 140 en batteries.

Alors le maréchal Victor se dirigea sur Cadiz; les troupes reçurent cette nouvelle avec un enthousiasme difficile à décrire. Le 5 février elles s'étendaient depuis Rota jusque sur les hauteurs de Chiclana, à une lieue de l'île de Léon; il était trop tard. Le duc d'Albuquerque était entré la veille dans la place, et le pont de Suazo était devenu inattaquable.

La conquête de l'Andalousie ne fut, pour ainsi

dire, qu'une promenade militaire. Presque partout l'ennemi prit la fuite à notre aspect, sans vouloir tenter le sort des combats. De nombreux détachemens venaient chaque jour déposer leurs armes, et la cavalerie ne cessait de ramener les fuyards. Nous fîmes plus de 6,000 prisonniers, 8 drapeaux et un grand nombre de pièces d'artillerie de campagne tombèrent en notre pouvoir; notre perte ne fut en tout que de 300 hommes.

Le roi Joseph ayant parcouru les plus belles provinces de l'Espagne, triomphé dans Cordoue, dans Séville, dans Ronda, dans Malaga, dans Grenade et dans Jaen, songea à regagner Madrid; et d'après l'ordre qu'il en avait reçu de Paris, il laissa les corps de Mortier, de Victor, de Sébastiani et de Dessoles, sous les ordres du duc de Dalmatie, qui fut en outre investi de toute l'autorité d'un vice-roi. Cet illustre guerrier trouva le secret si difficile de faire régner la paix entre un peuple orgueilleux réduit à l'esclavage, et ceux que le destin avait chargés de river ses fers. Par son ordre, des colonnes mobiles parcoururent les montagnes et détruisirent plusieurs fois les foyers de résistance que la junte de Cadiz ne cessait d'y entretenir; mais c'était une hydre invincible dont les têtes renaissaient à mesure qu'elles étaient coupées.

L'idée du siège de Cadiz paraissait dès-lors une

chose presque déraisonnable au chef d'une armée qui s'élevait à plus de soixante-dix mille hommes. Ce chef expérimenté eût voulu pouvoir, dans l'impossibilité d'enlever la place et dans la certitude où il était d'y dépenser trop d'argent et de temps, s'assurer de tout le pays : il pensait qu'un corps d'observation de 10,000 hommes suffirait devant Cadiz pour empêcher la garnison d'inquiéter le continent. Le duc de Bellune, qui par cette mesure se serait trouvé à la tête d'un corps trop affaibli et sans importance, présenta le projet du siège : l'empereur l'adopta ; le maréchal en fut chargé, et tout son corps d'armée, de 25,000 hommes environ, lui demeura pour cette opération. Cependant le maréchal Victor n'en resta pas moins sous les ordres du maréchal Soult, qui mit autant de zèle à presser le siège que s'il eût été le promoteur de cette intempestive mesure. Les dispositions furent prises avec autant de sagacité que d'ardeur. Le général en chef visita lui-même la côte, depuis Rota jusqu'à Santi-Petri, il traça avec les officiers de génie et d'artillerie les principaux ouvrages, et ne fixa son quartier-général à Séville qu'après avoir tout réglé : celui du maréchal Victor était à Sainte-Marie.

L'entrée de la baie intérieure de Cadiz est défendue par deux forts placés sur deux pointes de terre, celui du côté de la ville se nomme *Pun-*

tales; celui situé sur la terre-ferme s'appelle *Matagorda*. Le duc de Dalmatie avait vu d'un coup-d'œil de quel immense avantage serait pour lui la possession de cette dernière forteresse, soit pour établir sans être inquiété des mortiers le long de la côte, soit pour tenir en respect une grande partie de la rade et de la ville. D'après ses ordres le duc de Bellune la fit attaquer : le combat fut long et meurtrier. La garnison anglaise se défendit avec acharnement, mais enfin elle fut obligée d'évacuer le fort, après douze jours de résistance. Maître de ce point, le maréchal se hâta de faire construire des batteries le long de la côte, et l'on ne s'occupa plus que des préparatifs du bombardement de la place.

CHAPITRE II.

Description de l'île de Léon et de la ville de Cadiz.—Leurs limites. Leurs fortifications. — Origine de Cadiz. Cette ville sous la domination des Phéniciens et sous celle de Rome. — Magnificence des temples. Sacrifices. — Rues et places. Couvents et monastères. Quelques miracles en passant. — Population composée de presque tous les peuples de l'Europe.—Commerce et luxe. Danses voluptueuses et courses de Taureaux. — Plan des principales maisons de Cadiz, leur ameublement. Elles ne ressemblent pas à celles des autres villes d'Espagne. — Température, maladies, fureur, peste, délire. — Manque d'eau. Moyens mis en usage pour la conserver. — Aridité des environs.

L'île de Léon par laquelle on arrive à Cadiz, est séparée de la terre ferme par un canal nommé rivière de Santi Petri; ce canal n'est qu'une branche du Guadalète dont la source est dans la Sierra de Ronda. L'île est bornée au N. O. par la baie et l'isthme de Cadiz, au S. par l'Océan, sa population est d'environ 30,000 âmes. La petite ville de San Carlos réunie à celle de Léon sous le nom de San Fernando, est habitée en grande partie par des officiers de marine et des employés à l'Arsenal de la Carraque : assez près de cette ville, se trouve le pont de Suazo servant de communication entre l'île et la terre ferme; construit en pierre, il est défendu à chaque extrémité par une forte tête de pont. Il y a dans l'île des magasins à poudre et un télégraphe bâti sur une hauteur : ce télégraphe communique avec Cadiz par le moyen de Torre Gorda, petit fort composé d'une tour environnée d'une batterie, à 2 lieues de la place vers l'extrémité de l'isthme; on signale aussi de ce point les navires qui paraissent dans la direction de l'Est. Il y a encore dans l'île tout près de San Carlos un magasin de munitions navales appelé la Cazeria de Oseo.

A l'extrémité S. O. du canal de Santi Petri se trouve sur un îlot voisin du rivage un petit château portant le même nom.

La Carraque située à environ deux lieues et demi E. S. E. de Cadiz, en est le principal Arsenal : on y voit les magasins, les chantiers et les bassins de la Marine. Cet Arsenal est baigné d'un côté par les eaux de la baie, de l'autre par celles de la rivière de Santi Petri; enfin des marais impraticables le séparent de la Terre-Ferme.

Matagorda, dont nous avons eu déjà occasion de parler, est bâti sur le bord d'une crique appelée Cano de Trocadero; de l'autre côté de cette crique est le fort San Luis.

Passons maintenant aux fortifications de la place.

Cadiz situé à l'extrémité de l'isthme qui l'unit

à l'île de Léon, est d'une forme à peu-près carrée. La nature et l'art se sont réunis pour la fortifier : à quelques centaines de toises à l'ouest vers la pleine mer, se trouve le château de San-Sébastien bâti sur une chaîne de rochers qui s'étend au large à une distance considérable. Une chaussée taillée dans le roc, joint ce château à la ville, et sur une de ses batteries avancées est élevé le phare de Cadiz. Un peu plus au nord, est le château de Sainte-Catherine, tout environné de bancs de sable et d'écueils fort dangereux, parmi lesquels les marins désignent la olla ou *la marmite*.

A environ 600 toises de la porte de Cadiz vers le sud, est la redoute circulaire d'Aguada, ainsi nommée parce que c'est en cet endroit que les navires vont faire de l'eau.

A une demi-lieue du port de Puntales dont il a déjà été question, se trouve la Cortadura, coupure faite à l'isthme en 1808 pour intercepter la communication de Cadiz et de l'île de Léon, dans le cas où cette dernière serait tombée au pouvoir des Français.

La place est environnée de bonnes murailles flanquées de bastions formant une enceinte irrégulière suivant les contours du rivage; du côté de la terre elle présente un des meilleurs fronts de fortifications qui existent. Enfin l'isthme dont le peu de largeur rend la défense très facile, est miné presque jusqu'à portée de canon des remparts.

Cadiz est l'entrepôt général et exclusif de tout le commerce avec les possessions Espagnoles des deux Indes. On trouve dans ses murs deux vastes hôpitaux, un collège pour les élèves de la marine, une école de navigation, une académie de chirurgie, un jardin botanique et un observatoire.

L'origine de Cadiz se perd dans la nuit des siècles. Abordant en Espagne, les Phéniciens y fondèrent d'abord Gadez (nom qui signifie enceinte), sur cette langue de terre baignée par la mer que les Grecs regardaient comme la limite du monde du côté de l'Occident.

Cette ville vît accroître sa puissance sous l'empire des Romains : son heureuse position la rendit chère à ce peuple vainqueur de l'univers qui croyait faire oublier aux nations l'esclavage dans lequel il les tenait, en les environnant d'édifices gigantesques. Plusieurs temples s'élevèrent dans son sein comme par enchantement, et si l'on en croit les anciens, la religion y eut des dogmes plus purs, plus sublimes que dans tout le reste du monde. On y trouvait des autels consacrés à l'année, aux mois, à l'industrie, divinité du commerce, à la vieillesse, et, ce qu'il y a de plus surprenant dans un pays que l'amour du gain avait fondé, on y trouvait la statue et le temple de la pauvreté. Mais de tous les temples de Cadix, le plus fameux, le plus ancien, était celui d'Hercule, bâti par les Phéniciens en reconnaissance de la victoire remportée dans ce lieu par le fils d'Alcmène sur le triple Géryon. Parmi les nombreuses colonnes qui l'embellissaient, on en distinguait deux en airain sur lesquelles étaient gravés des caractères inconnus; quelques auteurs ont prétendu que ces lettres mystérieuses désignaient simplement ce que le temple avait coûté. On n'y faisait aucun sacrifice d'animaux, on se contentait d'y brûler l'encens; et, par une institution qui donne une bien mauvaise idée de la galanterie de ce peuple antique, par une parité qu'une imagination française ne parviendra jamais à concevoir, on en défendait l'accès aux femmes et aux pourceaux. Le prêtre qui offrait le sacrifice, devait être chaste, avoir la tête rasée, les pieds nuds et la robe retroussée.

Les rues de Cadiz sont droites et pavées d'une large dalle blanche que l'on a soin de tailler pour empêcher les pieds des mulets et des chevaux de glisser. On y remarque plusieurs places régulières, entr'autres celle de San-Antonio ainsi nommée de l'église de ce nom. Ce n'était autrefois qu'un simple ermitage. Pendant la peste de 1648, la statue de ce Saint ayant pris plusieurs fois la peine de quitter sa niche pour aller en ville guérir des malades, on se ravisa, et, par reconnaissance, on lui bâtit une belle église qui est devenue une des paroisses de la ville.

Les Franciscains ou Récolets s'établirent à Cadiz en 1608, ils n'eurent d'abord qu'une très petite maison à la place de la Croix verte; plus tard ils s'agrandirent tellement qu'ils donnèrent leur nom à la rue dans laquelle ils se fixèrent. Voici quelle fut l'origine de leur fortune due à la Sainte Vierge Marie et à un négociant Français nommé Pierre Isaac, nom qui semble déceler une origine juive. Ce M. Isaac, ayant formé une société de commerce avec la mère de Dieu, fut si heureux dans les spéculations qu'il entreprit pour le compte des deux intéressés, que leurs bénéfices s'élevèrent à 11,000 ducats. M. Isaac eut soin de porter aux Récolets la portion de la bonne Vierge, et leur donna plus tard la sienne pour avoir le plaisir d'être enterré dans l'Eglise de ces bons pères.

Presque tous les moines connus avaient, avant la révolution d'Espagne, des maisons et des couvents à Cadiz. On s'imagine bien qu'il n'y manquait pas non plus de monastères de religieuses: nous ferons grâce à nos lecteurs de cette longue et ennuyeuse nomenclature.

Cette ville a toujours été fort peuplée. Dans

le dénombrement qu'on en fit sous Auguste, on y trouva 500 chevaliers et les autres citoyens à proportion, ce qui ne se voyait nulle part hors de Rome : on y compte aujourd'hui plus de 72,000 ames. Toutes les nations concourent à peupler Cadiz : on y rencontre surtout des Français, des Anglais, des Italiens, des Hollandais et des Allemands. On ne peut compter les commerçants riches et puissants qui l'habitent, ou, pour mieux dire, toute la ville est commerçante : les richesses y avaient jadis introduit beaucoup de luxe, et c'est encore aujourd'hui, sans en excepter Madrid, la ville d'Espagne qui en a le plus. Les filles de Cadiz ont été de tout temps recherchées dans les réjouissances publiques et dans les fêtes particulières, tant pour leur habileté à manier la guitarre, que pour leur talent pour la danse et leur humeur pleine d'enjouement. Elles sont encore aujourd'hui fort séduisantes : elles savent varier avec autant de délicatesse que de lasciveté les attitudes voluptueuses et quelquefois cyniques des danses du pays. On ne peut concevoir leur légèreté, la mollesse et la flexibilité de leurs mouvements; mais parmi ces danses, il en est qui ne sauraient être exécutées dans un cercle jaloux d'unir la décence au plaisir.

Les courses de taureaux sont aussi un des amusements les plus suivis des habitants de Cadiz.

Les maisons de cette ville sont en général grandes, commodes, fraîches et bien distribuées; leur construction ne ressemble en rien à celle du reste de l'Espagne. Elles ont presque toutes une cour carrée ou parvis pavé de carreaux de marbre bleu et blanc disposés en mosaïque. Autour de ce parvis règnent plusieurs galeries en balustrades de fer qui forment les divers étages et conduisent aux divers appartements : on a soin, pendant les grandes chaleurs, de tendre vers le haut de cette cour une large voile qui donne de l'ombre et de la fraîcheur aux différentes pièces de la maison. Plusieurs appartemens n'ont pas de fenêtre et ne prennent jour que par la porte qui ouvre sur ces galeries. Souvent l'escalier est de marbre blanc et forme sur la cour un double perron. La première galerie est soutenue par des colonnes de bois, de pierre ou de marbre, suivant les facultés du maître du logis. Les salons de compagnie sont ordinairement très vastes et rarement tapissés ; ils ont seulement tout autour une bande d'étoffe qui ne s'élève guère qu'à la hauteur des chaises, tabourets ou fauteuils qui décorent l'appartement. Le reste des murs est d'un blanc de neige orné par intervalles de tableaux de Saints et de quelques petits miroirs.

Les vents brûlants et presque continuels qui

soufflent à Cadiz, énervent, épuisent ceux qui l'habitent, et leur influence produit même quelquefois la fureur et le délire. La peste y exerce aussi trop fréquemment ses ravages. L'eau y est détestable à boire. La plupart des maisons ont des citernes pour la recueillir : on trouve aussi par-ci par-là quelques puits dont les maîtres gardent toujours la clé ; mais pour avoir de bonne eau, il faut la faire venir du port Sainte-Marie, et c'est encore une dépense. Pour la conserver pure et fraîche, on la verse dans de grandes jarres d'argile qui la rendent presqu'aussi froide que la glace, et qui seraient très précieuses si l'eau ne s'évaporait pas par tous les pores du vase.

Les environs de Cadiz sont secs, stériles, couverts de sable que la mer y jette sans cesse ; cependant l'industrie et l'or des habitans étaient venus à bout d'y former quelques jardins agréables et d'y élever un petit nombre de jolies maisons de plaisance. La guerre les a fait disparaître. Pour jouir du plaisir de la campagne, il faut maintenant l'aller chercher à plusieurs lieues de la ville.

CHAPITRE III.

Le général Blacke nommé au commandement de la garnison de Cadiz. — Ses forces. Sir Thomas Graham. — Lignes françaises et espagnoles. Nouveaux mortiers lançant des bombes à près de trois mille toises. Alerte à Matagorda et aux environs. Evasion des prisonniers français détenus à bord du ponton la Castille, dans la nuit du 15 au 16 mai. Secours généreux. — Evasion des prisonniers français détenus à bord du ponton l'Argonaute, dans la nuit du 26 au 27 mai. — Affaire d'avant-postes dans la nuit du 28 au 29 septembre. — Nouvelle flotille française. Victoire sur les Anglais dans la nuit du 31 octobre au premier novembre.

Tandis que l'armée française était maîtresse à peu près de toute l'Andalousie, à l'exception de l'île de Léon et de Cadiz, la junte centrale, renfermée dans le dernier boulevard de la liberté espagnole, appelait au commandement des troupes assiégées le général Blacke, en qui elle mettait toute son espérance. Les dix-huit cents hommes de dépôts et de marins, qui formaient la garnison de la place au commencement de la campagne, s'étaient vus renforcés des 6,500 hommes que le duc d'Albuquerque avait amenés la veille de l'apparition des Français, et d'environ 6,700 hommes des milices circonvoisines; en tout 15,000 Espagnols. A ces renforts se joignit bientôt un corps auxiliaire de 7,000 Anglo-Portugais, envoyé de Lisbonne sous les ordres de sir Thomas Graham; les avant-postes furent portés à la Carraque et sur toute la ligne fortifiée, jusqu'aux environs du fort Santi-Pétri.

Les Français de leur côté, conservant toujours leur gauche appuyée sur Chiclana, et leur droite sur le fort de Sainte-Cathrine, couvraient d'ouvrages innombrables tout le terrain compris entre ces deux positions. Leurs ingénieurs surent tirer un si bon parti de toutes les inégalités du sol, qu'en peu de temps les lignes françaises se virent à l'abri des irruptions des ennemis. Chiclana, Puerto-Réal et le Port-Sainte-Marie furent couverts d'ouvrages à cornes, destinés, et à protéger de leurs feux croisés les camps intermédiaires, et à repousser vigoureusement les attaques qu'on tenterait de front. De tous ces travaux, les plus étonnants furent ceux de Matagorda et du Trocadero. Ces points étaient les plus voisins de la place assiégée; mais ils n'en étaient pas moins à trois mille toises environ, et nul projectile usité n'atteint à de telles distances. On imagina de fondre à Séville de gigantesques mortiers à semelle, d'après les idées peu répandues de M. de Villantroys. Ces mortiers, dont les proportions et le poids étonnent l'imagination, dans lesquels deux hommes eussent pu se tenir aisément debout, lançaient des bombes de vingt-deux pouces de diamètre jusqu'à trois mille toises : il fallut un an pour en couler douze et pour les mettre en place. On devait en porter le nombre à vingt.

Le 15 mai 1810, les troupes qui occupaient ces deux batteries et le fort de Matagorda, prirent subitement les armes vers neuf heures de la nuit ; une très forte canonnade se faisait entendre du côté du fort de Puntales et des batteries adjacentes ; les canonnières et les bombardes ennemies y répondaient par de fréquentes bordées.

Ignorant la cause de cet éveil, nos soldats souffraient avec peine leur inaction, et attendaient impatiemment des ordres ; cependant chaque instant ne faisait qu'accroître le tumulte et l'anxiété des troupes. Enfin, vers minuit, les avant-postes aperçurent non loin de la côte un point noir qui semblait s'approcher et contre lequel se dirigeaient les efforts des canonnières ennemies. On distingua bientôt une carcasse de vaisseau ; on entendit des cris de désespoir ; déjà des embarcations étaient placées sur des chariots et conduites au galop vers le Trocadero, seul point où la fureur des vagues permettait de tenir la mer. Les généraux Leval et d'Aboville étaient sur le rivage. Il fallut user de violence pour retenir la foule entraînée par le désir de voler au secours de ces malheureux. Chacun demandait à être utile et se plaignait de ce qu'on ne l'employait pas.

Les premiers feux du jour offrirent aux regards des Français 1,500 de leurs compatriotes luttant péniblement contre la mort, sur un ponton criblé de boulets et tourmenté par les flots. C'était un spectacle vraiment touchant, que de voir toutes nos troupes sans exception, officiers supérieurs, officiers inférieurs, canonniers, fantassins, marins, pontonniers, les uns à la nage, les autres enfoncés dans la vase jusqu'aux épaules, d'autres dans des embarcations, rivaliser de zèle et d'humanité pour secourir des frères que le destin confiait à leurs soins. Devant 150 bouches à feu qui vomissaient la mort, 2,000 Français, officiers et soldats, restèrent huit heures dans l'eau pour sauver leurs compatriotes. On ne finirait pas si l'on voulait citer tous les braves qui se distinguèrent dans cette belle action : des éloges particuliers sont dûs au chef de bataillon Clouet, au capitaine du génie Bonpart, à l'officier d'état-major Joubert, aux sergents Deguilhem, Faillou, au caporal Girardin, aux pontonniers Gabriel, Hubert, Pontarolo et Nussbaame.

A huit heures du matin, 400 hommes du ponton avaient débarqué : à midi personne ne restait plus à bord. Durant le sauvetage, trois fois l'ennemi réussit à incendier le bâtiment avec des obus et des bombes; trois fois on éteignit le feu. Tout le monde était à terre, lorsqu'une bombe partie du Puntales vint éclater sur le pont et consuma le ponton.

Les malheureux débarqués étaient dans un état impossible à décrire: les mauvais traitements qu'ils avaient éprouvés avaient occasionné, à plusieurs d'entr'eux, une aliénation mentale complète; d'autres étaient dans un accablement si profond, que tous les efforts pour les rappeler à la vie furent inutiles.

Les détenus à bord du ponton *la Castille*, en rade de Cadiz, étaient au nombre de 1,500, parmi lesquels 600 officiers; ils faisaient partie du corps d'armée du général Dupont, qui avait capitulé à Baylen. Au mépris d'une capitulation si solennelle, ces infortunés avaient été ainsi entassés, et depuis vingt mois ils languissaient dans les tourments les plus affreux ; quelques-uns d'entr'eux résolurent de mettre tout en œuvre pour recouvrer leur liberté. Le vent soufflait depuis le matin de la partie S. O.; il battait en côte et leur faisait espérer que leur entreprise réussirait au gré de leurs désirs. Vain espoir ! Vers les huit heures du soir, moment choisi pour leur départ, le vent mollit tout-à-coup; mais les dispositions étaient prises, il fallait agir. Conduits par quelques

3 *

jeunes sous-lieutenants, deux cuirassiers coupèrent les cables à coups de hache, et le ponton prit le large à l'aide du flot. Chacun se mit à l'ouvrage, les officiers de marine dirigèrent la manœuvre; les officiers de terre se rendirent maîtres de la garnison espagnole qu'ils enfermèrent à fond de cale, et munis de leurs armes se mirent en bataille sur le pont. Tout cela ne pouvait se passer sans bruit; ils se virent bientôt environnés d'une foule de canots qui s'efforçaient de les retenir. Nos officiers faisant pleuvoir sur eux à la main les gueuses et les boulets qu'ils rencontraient, parvinrent enfin à les maltraiter tellement qu'ils prirent la fuite : ce n'était là que le prélude de ce qui les attendait. Bientôt la nouvelle de leur évasion est connue à Cadiz, et toutes les batteries de la côte commencent sur le malheureux ponton un feu des mieux nourris, à moins d'un quart de portée. Cependant le ponton continuait à voguer à l'aide des voiles qu'on avait improvisées avec des hamacs et des couvertures. Il suivait bien sa route, tant que le vent se soutenait; mais dès que le vent fléchissait, les courants s'en rendaient maîtres, et il voguait souvent dans une direction contraire. Enfin, comme je l'ai déjà dit, il vint échouer à la côte du Trocadero, auprès du fort de Matagorda. Doria, capitaine de frégate, Mousseau, Souque, Girardin, lieutenants de vaisseau, Bounac et Gatteaux, enseignes, montrèrent constamment une présence d'esprit admirable : le lieutenant Mousseau fut tué d'un coup de mitraille sur son banc de quart.

Il y avait encore en rade de Cadiz un autre ponton appelé *l'Argonaute*, qui servait d'hôpital aux prisonniers français, blessés ou malades ; il s'en trouvait alors 650, parmi lesquels plusieurs officiers. L'évasion des prisonniers de *la Castille* avait tellement fait sentir aux Espagnols la nécessité de les surveiller rigoureusement, qu'il n'y avait pas de privations auxquelles ces malheureux ne fussent condamnés, malgré leurs blessures ou leurs maladies ; pas de mauvais traitements auxquels ils ne fussent constamment en butte. Las de cette agonie, ils résolurent d'y mettre un terme, quel que fût le danger qu'ils eussent à courir : en effet, dans la nuit du 26 au 27 mai, imitant l'exemple que leur avaient donné les prisonniers de *la Castille*, ils coupèrent leurs cables et s'abandonnèrent aux vents et aux flots. Furieux de cette tentative d'évasion, qu'il regardait comme impossible, l'ennemi fit vainement des efforts incroyables pour détruire *l'Argonaute* par le canon et par le feu. Le ponton vint échouer à peu de distance du lieu où son prédécesseur avait touché quinze jours auparavant : les troupes montrèrent le même courage et le même dévoûment qu'à la première occasion.

Le lieutenant de vaisseau Castagnez, le chirurgien-major Goudin, l'infirmier principal Guilloteau, le lieutenant Montchoisi et le chirurgien aide-major Cazevieille, prisonniers sur *l'Argonaute*, méritent les plus grands éloges pour la fermeté et la présence d'esprit avec lesquelles ils dirigèrent la manœuvre sous le feu de l'artillerie ennemie.

Dans la nuit du 28 au 29 septembre, les assiégés sortirent sans bruit de leurs retranchements, dans le but de détruire nos ouvrages avancés. Une avant-garde de 3,000 hommes environ, ayant franchi le pont de Suazo et la Carraque, attaqua le centre de la ligne française avec assez d'impétuosité : ce mouvement était soutenu par le feu de plusieurs chaloupes canonnières. Nos avant-postes, qui ne s'attendaient pas à cette attaque, se retirèrent en bon ordre dans les ouvrages, où ils trouvèrent déjà sous les armes le 9e régiment d'infanterie légère. Tous les autres corps se formèrent en bataille, et l'on marcha droit à l'ennemi, qui fut forcé de battre en retraite : la perte de part et d'autre fut peu considérable.

Tout se passait ainsi en escarmouches qui ne produisaient aucun résultat ; dans ces diverses rencontres, l'Espagnol, ramené presque toujours l'épée dans les reins, ne nous attaquait plus que mollement et avec une certaine défiance dans ses forces, défiance bien peu compatible avec le caractère de sa nation. De notre côté, nous ne pouvions nous dissimuler que la position formidable de la place et la faiblesse de nos troupes, ne fussent deux obstacles insurmontables pour parvenir à un résultat quelconque. Nous ne sentions que trop combien il nous était impossible d'entreprendre contre Cadiz aucune opération offensive véritablement sérieuse ; toutefois nous ne négligions rien, dans ces entrefaites, pour pousser chaque jour avec une nouvelle activité les travaux d'investissement de la rade de Cadiz et de l'île de Léon.

Ce qui entravait le plus nos préparatifs était la présence de la flotte anglaise qui, croisant le long de la côte, ne cessait d'inquiéter nos travailleurs. En dépit de son feu presque continuel, nous réussîmes cependant à construire en peu de temps dans les ports de Sainte-Marie, San-Lucar, de Barameda, Puerto-Réal et Chiclana, une nombreuse flotille de siège, qui ne demanda plus qu'à se mesurer avec elle. L'occasion ne tarda pas à se présenter : dans la nuit du 31 octobre au premier novembre, quelques vaisseaux anglais étant venus fondre à l'improviste sur un petit nombre de nos péniches, toute la flotille, profitant d'une bonne brise, vint se rallier du côté menacé, et parvint non-seulement à leur faire lâcher prise, mais encore les força à battre sur-le-champ en retraite.

Ce léger succès, qui fit le plus grand honneur aux marins de notre flotille, produisit un excellent effet, en ce qu'ils ne balancèrent plus désormais d'en venir aux mains avec la flotte anglaise, quelle que fût sa force et sa position.

Cependant rien n'annonçait encore quelle serait l'issue du siège de Cadiz, et les deux partis continuaient à s'observer, en maudissant cette inaction qui leur était à charge.

CHAPITRE IV.

Affaire de Portugal. Le maréchal Soult se porte en Estramadure avec 22,000 hommes. — Le peuple de Cadiz, les Cortès et la constitution. — Projet des assiégés. — Affaire de Chiclana. L'ennemi acculé à la mer et cerné par nos troupes. Arrivée du général anglais Graham sur le champ de bataille. Il se rend maître de la hauteur de la Barroza longtemps disputée. Le général Ruffin blessé et fait prisonnier. Il meurt sur le bâtiment qui le portait en Angleterre à la vue des côtes de France. Retraite des troupes alliées dans l'île de Léon. Résultats de l'affaire. Pertes de part et d'autre. Mort du général Chaudron-Rousseau et du colonel Autié. Une aigle française au pouvoir des ennemis.

Vers les premiers mois de 1811, les affaires de Portugal avaient pris une telle tournure, que déjà il était facile de prévoir que les Français seraient forcés d'évacuer ce royaume. D'un autre côté, les difficultés que présentait le siège de Cadiz, loin de diminuer, lassaient inutilement la patience de nos troupes, par une monotonie continuelle et insupportable.

Le duc de Dalmatie, après avoir vaincu ou dispersé les bandes de partisans qui infestaient l'Andalousie, organisé toutes les parties de l'administration et conquis la confiance des habitans de Séville, songea à s'établir en Estramadure pour faire une diversion en faveur du maréchal Masséna.

Ses dispositions étant prises, et le maréchal duc de Bellune laissé devant Cadix avec le premier corps, le duc de Dalmatie se porta rapidement sur l'Estramadure, à la tête d'une disponibilité de 22,000 hommes.

Le bombardement de Cadiz commençait; mais malgré la perfection des nouveaux mortiers, leur effet était peu sûr à cause de la grande distance, et le dégât qui en résultait ne pouvait produire la moindre sensation sur l'esprit des assiégés.

Il serait difficile de se faire une idée de l'enthousiasme qui régnait dans la place; et les habitans de Puerto Réal, de Chiclana, de port Sainte-Marie en étaient bien persuadés, malgré tous les efforts des généraux français pour prouver aux vaincus que la ville était en proie au désordre et à l'anarchie. Chaque jour la Gazette de Cadiz présentait une série de dons immenses, fruits du patriotisme de toutes les classes de citoyens. On venait s'enrôler en foule sans distinction d'âge ou de fortune; et les femmes elles-mêmes, qui dans aucun pays ne restent sourdes à la voix de l'honneur national, se réunissaient pour préparer les cartouches de leurs défenseurs.

Ce feu sacré de la patrie, cette aversion pour le joug étranger prenaient chaque jour de nouvelles forces au sein de cette héroïque population. Tous les discours généreux dont retentissait la tribune des Cortès, étaient répétés par le peuple et trouvaient des échos dans tous les cœurs. Enfermés dans le dernier boulevard de leur liberté, les mandataires de la nation Espagnole, impassibles au milieu du fracas des armes, oubliaient que les ennemis étaient à leurs portes, pour ne s'occuper que du bien public. C'est ainsi qu'ils achevaient ce code majestueux qui, sans doute, a les défauts de toute œuvre humaine, mais dans lequel le peuple au moins ne se plaindra pas de trouver l'oubli de ses droits et de sa dignité.

Soldats, citadins, magistrats, tous rivalisaient de zèle pour la défense de leurs foyers ; tous avaient juré de s'ensevelir sous les ruines de leur patrie, plutôt que de la voir souillée par la présence du vainqueur. Semblables aux sénateurs Romains à l'approche des Gaulois, on eût vu les vénérables magistrats de Cadiz attendre tranquillement la mort sur leurs chaises curules et se féliciter de ne pas survivre à l'anéantissement de leur liberté.

Mais leur courage avait été jusque là couronné d'un plus heureux succès. A peine avaient-ils appris l'éloignement du maréchal Soult que déjà les mesures étaient prises pour tenter un grand coup de main sur l'Andalousie, et faire en sorte, durant son absence, de la délivrer de notre oppression. En conséquence, ils combinèrent un de ces plans hardis dont l'idée seule ne dénote pas des hommes ordinaires : il fut décidé que tandis qu'on prendrait toutes les lignes Françaises à revers, les vaisseaux de l'escadre anglaise les attaqueraient de front pour les forcer, par ce double mouvement, à lever le siège. Ballesteros devait en même temps marcher sur Séville et s'en rendre maître ; enfin les montagnards de la Sierra de Ronda étaient convenus de plusieurs rassemblements, à la suite desquels dirigés par des chefs expérimentés, ils devaient s'emparer de nos principales positions dans cette partie. Cette opération avait le triple but de débloquer Cadiz, de délivrer l'Andalousie et d'empêcher le maréchal duc de Dalmatie de poursuivre en Estramadure les opérations entreprises en faveur de Masséna alors compromis en Portugal.

Le 21 février, un corps d'environ 5,000 Anglais et de douze mille Espagnols, les premiers tirés de Cadiz et de Gibraltar, les seconds pris sur les différents points retranchés de la côte, mit à la voile en rade de Cadiz sous le commandement du général Pena. Les Anglais ayant débarqué à Algésiras, se portèrent sur Tarifa où ils furent obligés d'attendre jusqu'au 27 les troupes espagnoles qui avaient été retardées par des vents contraires. Quand toutes les forces furent réunies, on se mit en marche, dans la matinée du 22, vers Chiclana, passant par Barbate et Vejer de la Frontera. Des pluies continuelles avaient tellement endommagé les chemins, qu'on eut toute la peine imaginable à transporter l'artillerie. Ce ne fut que le 3 mars à 3 heures de l'après-midi que l'armée combinée couronna les hauteurs voisines de Chiclana et prit connaissance de nos avant-postes. Une légère fusillade s'engagea, mais elle n'eut aucun résultat de part et d'autre; Le lendemain l'ennemi continua son mouvement sans être inquiété par nos tirailleurs.

Le 5 au matin, l'armée combinée se forma en bataille devant les lignes de Santi Petri; son intention paraissait être de nous en débusquer. Désireuse de prévenir son attaque, la division Villate se porta à sa rencontre ayant en tête les voltigeurs du 95e régiment de ligne: les Espagnols qui formaient ce front de bataille, ne purent tenir contre l'impétuosité de nos troupes, ils se débandèrent et laissèrent en notre pouvoir quelques ouvrages à cornes qu'ils avaient ébauchés, les deux jours précédents. Deux cent cinquante Espagnols restèrent sur le champ de bataille; notre perte ne s'éleva pas à cent hommes.

Sur ces entrefaites le gros de l'armée coalisée semblait continuer à se porter en bon ordre sur Chiclana où l'on n'ignorait pas qu'étaient nos magasins, et où l'on avait fortifié la position de Sainte-

Anne qu'il était important de défendre jusqu'à la dernière extrémité. L'ordre fut donné à toutes les troupes de s'y concentrer : le maréchal Victor y avait déjà établi sa réserve, composée de la première brigade de la division Ruffin et de la seconde de la division Leval.

Les Espagnols voyant notre droite dégarnie, marchèrent pour reprendre les ouvrages qu'on les avait forcés d'évacuer. Ils étaient soutenus par une brigade anglaise. Le général Ruffin se porta brusquement à leur rencontre avec les deux brigades susmentionnées, 3 escadrons de cavalerie, et deux batteries d'artillerie, en tout environ 6000 hommes. Ce mouvement était masqué par une épaisse lisière qui dérobait à l'ennemi notre infériorité numérique, de sorte que lorsque nos troupes débouchèrent de ces bois vers les derrières, les alliés se trouvèrent acculés à la mer sans trop savoir comment cette manœuvre avait eu lieu.

Tandis qu'ils essayaient vainement de sortir de cette position critique, une brigade anglo-espagnole s'était emparée de la forte position de la Barroza et commençait à s'y retrancher; le général Ruffin marcha droit à elle au pas de charge, s'empara de la hauteur, de plusieurs pièces de canon et d'une quarantaine de prisonniers. Il se dirigea de là vers l'une des extrémités de la colonne ennemie acculée à la mer ; l'une des brigades Villate suivit la même direction poussant devant elle les tirailleurs alliés qui se réunirent bientôt au gros de la troupe. Cette colonne se trouva ainsi resserrée entre la mer et trois brigades de l'armée française, dont le feu bien nourri ne laissait pas d'accroître encore la difficulté de sa position.

Instruits par ses éclaireurs que les Français se portaient sur la Barroza, le général anglais Graham qui était alors en route pour la Torre Bermeja, rebroussa chemin pour voler au secours de cette position importante. Il était déjà trop tard : le général Ruffin s'était emparé de la hauteur d'où il faisait pleuvoir la mort sur tous ceux qui tentaient d'en approcher. Le prudent Graham ne voulant pas sacrifier le sang de ses braves sans quelqu'espoir de réussite, se décida à prendre la défensive et présenta plusieurs lignes de bataille formant ensemble une masse d'environ dix mille hommes.

Le maréchal Victor étant arrivé sur ces entrefaites et reconnaissant un peu tard le grand nombre d'ennemis auxquels on avait affaire, ne songea plus qu'à donner ordre à la brigade Villate de laisser ouvertes toutes les issues de l'île de Léon, afin de ne pas contrarier leur retraite, pour peu qu'ils songeassent à l'opérer, et au général Ruffin d'évacuer sur-le-champ la hauteur de la Barroza, et de se rallier au corps d'armée. C'est du moins ainsi qu'on a coloré une mauvaise affaire ; l'on a raconté que le plan du maréchal n'étant plus d'envelopper les ennemis, leurs forces numériques lui en ôtant l'espérance, il voulait se borner à contenir la division espagnole coupée depuis le commencement de l'action, et conserver toutes ses troupes sous la main, pour les porter en masse partout où le besoin l'exigerait.

Graham crut remarquer de l'hésitation dans la conduite du maréchal, il n'en fallut pas davantage pour le décider à marcher contre la hauteur de la Barroza. Le général Ruffin, qui n'avait pas encore reçu l'ordre de son chef, ne fit aucune difficulté d'en venir aux mains. Le combat s'engagea avec un égal acharnement de part et d'autre. Après un feu terrible d'artillerie et de mousqueterie, on en vint à l'arme blanche, et le combat n'en fut pas moins sanglant. Deux fois les Anglais revinrent à la charge, deux fois ils furent repoussés avec grande perte ; mais enfin le nombre l'emporta, et le général Ruffin dont la conduite fut héroïque en cette occasion, mortellement blessé, se vit tout-à-coup séparé de sa brigade, et laissé sur le plateau avec une centaine de soldats également blessés : le reste de la troupe se retira en désordre et parvint, non sans peine, à rejoindre l'aile gauche du maréchal, où elle se reforma.

L'ennemi, voyant que tous ses efforts pour s'emparer de Chiclana étaient inutiles, et que le plan qu'il avait conçu pour tourner l'armée française, présentait des difficultés au-dessus de ses forces, se décida à battre en retraite. En conséquence, vers les trois heures et demie, il se mit en marche vers l'île de Léon dans le plus grand ordre, mais sans être inquiété par l'armée française. La division espagnole coupée dans le commencement de l'action, ne rentra que la nuit du lendemain, le maréchal Victor n'ayant point encore rétabli le blocus sur tous les points. Un officier expérimenté nous a assuré que dans ce désordre où tout le monde fit de grandes fautes, il eut été facile aux français de s'emparer de l'île de Léon, dans laquelle quelques voltigeurs du 54ᵉ eurent l'audace de pénétrer.

L'affaire de Chiclana fut extrêmement meurtrière de part et d'autre; elle ne fit honneur qu'au courage des deux partis. Le maréchal Victor cite honorablement dans son rapport à l'Empereur les 24ᵉ, 54ᵉ et 96ᵉ de ligne. La perte de l'ennemi s'éleva à 3,500 hommes, tant tués que prisonniers; trois drapeaux et quatre pièces de campagne tombèrent en notre pouvoir. On évalue la nôtre à 2,500 hommes, parmi lesquels plusieurs officiers supérieurs: le général de brigade Chaudron-Rousseau et le colonel Autié, officiers du plus grand mérite et de la plus éclatante bravoure, trouvèrent la mort sur le champ de bataille. Le général Ruffin, fait prisonnier à la suite de sa blessure et après une résistance furieuse, fut embarqué pour l'Angleterre, et périt à la vue des côtes de France, au milieu des douleurs les plus cruelles. Le premier bataillon du 8ᵉ régiment de ligne s'étant embusqué dans un bois d'oliviers par ordre du maréchal, son porte-drapeau reçut un coup de feu à la tête, et l'aigle devint la proie des grenadiers du 87ᵉ régiment de ligne anglais. Le lendemain ce trophée fut promené en triomphe dans les rues de Cadix, au bruit des cloches, de toute l'artillerie de la place et des forts, et au milieu d'un peuple qui, brûlant de vengeance, faisait retentir l'air des cris de vive l'Espagne! vivent les cortès! mort à nos oppresseurs!

CHAPITRE V.

L'amiral Keath attaque par mer nos positions en face de Cadiz. Il est repoussé. — Quelques réflexions sur la bataille de Chiclana. — Le général Darricau met Ballesteros en déroute. Le colonel Vinot défait de son côté les montagnards de la Sierra de Ronda. — Les généraux Godinot et Sébastiani envoient trop tard des secours au duc de Bellune. — Quelques escarmouches. — Ballesteros poursuivi par les généraux Barrois, Sémélé et Godinot, cherche un refuge sous le canon de Gibraltar. — Godinot échoue dans son entreprise contre Tarifa. Il se brûle la cervelle au retour de cette expédition. — Ballesteros poursuivi deux fois par le général Sémélé, va se cacher suivant sa coutume, sous le canon de Gibraltar. — Il est de nouveau mis en déroute par le général Rey. — Siège de Tarifa par une division du maréchal Victor. Ce siège est levé. — Situation de l'Espagne au commencement de 1812. Guérillas.

Tandis que les Français se couvraient de gloire sur les hauteurs de Chiclana tout en commettant de grandes fautes militaires, l'amiral Keath, jaloux de coopérer au succès d'une entreprise qu'il ne croyait pas devoir échouer, s'approchait de tous les retranchemens que les Français avaient sur la côte, afin d'y retenir nos troupes et les empêcher de prendre part à l'affaire. Le 6 mars, les vaisseaux anglais attaquèrent partiellement sur presque toute la ligne ; ils tentèrent plusieurs débarquements soutenus par une vigoureuse artillerie ; mais partout ils furent ramenés l'épée dans les reins, et forcés de chercher un refuge dans leurs navires. Il y eut de part et d'autre quelques embarcations coulées bas; mais la plus grande partie des équipages se sauva à la nage, et les pertes ne furent bien considérables d'aucun côté.

L'affaire de Chiclana aurait eu bien d'autres résultats, si le maréchal duc de Dalmatie, ne fut accouru pour rétablir la confiance entre les troupes du siège et l'harmonie entre nos généraux. Ce grand capitaine avait laissé le maréchal duc de Bellune devant Cadiz avec son corps, que celui-ci trouvait alors trop faible pour une semblable opération, quoiqu'il ne s'élevât pas à moins de dix-huit mille hommes, même après que les compagnies de grenadiers en avaient été extraites pour l'expédition d'Estramadure.

Le maréchal Soult venait, dans une campagne de deux mois, de s'emparer d'Olivença, place très forte à neuf bastions sur les frontières du Portugal, de vaincre à la Gébora, avec six mille hommes du corps de Mortier, vingt mille Espagnols composant le corps de la Romana, et de prendre Badajos. Son but était de faire une diversion en faveur de Masséna qui se consommait au cœur du Portugal sous les lignes de Torres-Vedras; il songeait après que le boulevard de l'Estramadure fut tombé entre ses mains, à pousser une pointe à travers l'Alentejo vers le Tage, laissant Elvas sur sa droite, quand il apprit au fort de ses triomphes l'affaire de la Barroza ou de Chiclana. Il sentait qu'après un véritable échec dont la valeur des troupes françaises et la timidité des Anglais avaient suspendu les résultats funestes, les opérations du siège étaient compromises. Quarante-huit heures après avoir soumis Badajos, le duc de Dalmatie était en route, suivi de tout ce dont il pouvait disposer du corps avec lequel l'Estramadure venait d'être soumise ; le sixième jour il était déjà à Sainte-Marie, sa présence y devenait indispensable. Les généraux qui occupaient autour de Victor le midi de l'Andalousie, ne dépendaient pas immédiatement de lui ; ce maréchal ne pouvait pour réparer le mal, employer leurs troupes que de gré à gré, ce qui, dans le système de guerre adopté, le réduisait à ses propres forces.

S'il eût pu disposer, dans l'affaire de Chiclana, des troupes du 4e corps et de celles qui marchaient sous les ordres du général Godinot, il n'est pas douteux que l'issue de la bataille n'eût été fort avantageuse pour nos armes. Ce défaut de centralisation le priva d'un secours qu'il avait sous la main, et duquel dépendait peut-être une victoire complète. Tandis que le brave Chaudron-Rousseau expirait à Chiclana avec tant d'autres braves, plus de 20,000 hommes restèrent oisifs, ignorant jusqu'au danger que couraient leurs frères.

Le général Sébastiani, instruit du débarquement d'Algésiras, ne mit pas en doute qu'il ne fût dirigé contre sa droite et combiné, sans doute, avec un mouvement des insurgés du royaume de Murcie contre sa gauche. Si le 4e corps eût pu s'entendre avec le premier, il eût manœuvré sur les derrières de la colonne ennemie, et alors le duc de Bellune, bien loin de faire ouvrir toutes les issues de l'île de Léon pour favoriser la retraite des troupes anglaises, s'y fût vigoureusement opposé, et les eût placées entre deux feux.

D'après le plan général, Ballesteros marchait rapidement sur Séville. Le général Darricau, qui commandait la populeuse capitale de l'Andalousie où il n'avait pas mille hommes de garnison, le reçut cependant avec tant de courage et fît de si belles dispositions, qu'il le contraignit à battre en retraite après une perte considérable. Les montagnards de la Sierra-de-Ronda ne furent pas plus heureux de leur côté. Quoique le colonel Vinot, du 2e de hussards, qui commandait dans ce pays, n'eût à sa disposition que de faibles forces, il sut si bien les utiliser, qu'il les mit partout en déroute, et leur ôta pour quelque temps l'envie d'en revenir aux mains.

Dès que le général Godinot sut positivement que les efforts des troupes de Cadiz se dirigeaient vers le premier corps, il fit partir sur-le-champ neuf bataillons au secours du duc de Bellune.

Sébastiani, de son côté, ébranla une division; mais il n'était plus temps : Pena et Graham étaient rentrés dans leurs murs ; et les Français n'avaient tiré aucun fruit de leur valeur et de leurs pertes.

La présence du duc de Dalmatie rétablissant le calme et la confiance, l'affaire de Chiclana fut suivie de plusieurs mois de tranquillité de part et d'autre. De temps en temps les batteries de Matagorda envoyaient aux Espagnols quelques bombes dont l'effet n'était pas toujours bien certain. De leur côté les assiégés essayaient par intervalles, et presque toujours de nuit, quelques sorties sur les points les plus faibles, quelques descentes sur les parties où la côte n'était pas trop exposée au feu de nos batteries. Ces attaques, assez réitérées, donnaient lieu à de fréquentes escarmouches, qui ne produisaient d'autres résultats que de fatiguer le soldat. Le peu d'importance et la similitude de toutes ces affaires d'avant-postes doivent me dispenser d'en faire le récit à mes lecteurs.

Ballesteros, honteusement repoussé de Séville par le général Darricau, continuait de manœuvrer en partisan dans le midi de l'Andalousie. On le voyait paraître, tantôt sur les rives du Guadalquivir, tantôt sur celles de la Guadiana, tantôt sur celles du Guadalète; un jour dans les défilés de la Sierra-de-Ronda, un autre sur la côte qui s'étend du camp de Saint-Roch sous le canon de Gibraltar au port Sainte-Marie, dans les environs de Cadiz. Trop faible pour se mesurer contre un corps d'armée, il se bornait à surprendre des postes faibles ou isolés, à enlever des convois, à rançonner les lieux que les Français avaient abandonnés. Il disparaissait comme l'éclair, et un instant après on le voyait reparaître dans une position diamétralement opposée à celle où on l'avait perdu de vue. Presque toujours vaincu lorsque sa fuite n'était pas assez rapide, il venait réparer ses pertes au milieu des montagnes de Ronda, dont la soumission apparente n'était presque jamais que le prélude d'un nouvelle révolte. Ballesteros descendait de ses retraites abondamment pourvu de tout ce qui lui était nécessaire, et suivi de jeunes gens qui ne respiraient que les combats.

Le duc de Dalmatie savait que ce partisan, retranché depuis quelques jours dans le camp de Saint-Roch, en sortait fréquemment pour se montrer à nos troupes, et les encourager ainsi à le poursuivre. Il craignait qu'attirées par cette amorce, elles ne se décidassent enfin à s'élancer après lui, et qu'elles ne devinssent victimes de leur courage. En conséquence il donna ordre au maréchal Victor de diriger les généraux Barrois et Sémélé sur la position de Saint-Roch à la tête de deux fortes colonnes tirées du corps de blocus, tandis que le général Godinot marchait de son côté sur le même lieu à la tête de sa division. Vers le point du jour, toutes ces forces se trouvèrent en vue du camp espagnol, et se disposèrent à l'attaquer simultanément ; mais Ballesteros avait profité des ténèbres pour traverser l'intervalle qui le séparait de Gibraltar, et se retirer au-delà des anciennes lignes, sous le canon de la place. Le général Godinot qui commandait en chef prit possession du camp de Saint-Roch.

Cependant une division de troupes espagnoles et anglaises, sorties de Cadiz pour seconder les opérations de Ballesteros, débarquait à Tarifa et s'en rendait maîtresse. A cette nouvelle, le général Godinot ne balança pas à se mettre en route pour tâcher de reprendre cette place. Malheureusement le seul chemin praticable était boueux et situé le long de la mer, de sorte que, tandis que notre artillerie s'y trouvait engagée, les vaisseaux anglais, croisant sur la côte, incommodaient gravement nos troupes par un feu bien nourri. Il fallut renoncer à l'entreprise et regagner le camp de Saint-Roch, après avoir éprouvé une perte assez considérable.

Les incertitudes et les fautes du général Godinot déconcertèrent le plan le mieux conçu ; déjà ce militaire avait par son impéritie fait échouer vers Baza, les belles dispositions au moyen desquels le maréchal Soult quelques mois auparavant et pendant l'affaire de la Venta del Bahul avait préparé la ruine de l'ennemi. Tant de fautes décidèrent le maréchal Soult à rappeler Godinot à Séville ; celui-ci y arriva sentant tous ses torts et redoutant le courroux d'un chef sévère. Il en fut cependant assez obligeamment reçu. Le maréchal fidèle à de vieilles relations d'amitié, se borna à des reproches de raisonnement qui produisirent sur l'infortuné général un plus funeste effet que n'eussent sans doute produit des menaces.

Rentré chez lui, Godinot mit ordre à ses affaires et se brûla la cervelle. On répandit dans l'armée le bruit que cette horrible résolution était le résultat de la manière cruelle dont il avait été reçu : ce bruit est faux et calomnieux. Ce qu'il y a de certain, c'est que ce général, las de voir le malheur empoisonner ses entreprises les mieux conçues, et désespérant de réparer jamais des fautes involontaires, n'avait pu résister au chagrin qui s'était emparé de lui et à la perte de l'estime de son protecteur.

Le général Ballesteros avait regagné le camp de Saint-Roch après le départ des Français ; il ne tarda pas à apprendre dans sa retraite que le général Sémélé se trouvait avec un seul régiment à Bornos. C'était une de ces occasions que ce chef de partisans laissait rarement échapper. Il quitta le camp de Saint-Roch dans la nuit du 4 au 5 octobre, et parut devant Bornos au moment même où nos soldats prenaient les armes à la diane.

Le régiment sous les ordres du général Sémélé était le 16e léger, qui déjà s'était signalé par plus d'un succès dans la guerre de la péninsule. A l'aspect de l'ennemi ces braves ne délibèrent pas; ils ne sont pas habitués à calculer le nombre : ils l'abordent, la bayonnette en avant, et le mettent dans une déroute complète.

Quelques jours plus tard, le général Sémélé rencontra de nouveau Ballesteros qui ne voulut pas essayer davantage le sort des armes, et s'enfonça précipitamment au milieu des défilés de la Sierra de Ronda. Sur ces entrefaites le général Leval s'étant montré avec une forte colonne vers Antequerra, l'Espagnol craignit d'être pris entre deux feux; il doubla en conséquence de vîtesse, et fut se cacher dans son refuge ordinaire, derrière le camp de Saint-Roch, sous la protection du canon de Gibraltar.

Le 28 novembre, il fit marcher par la plage une colonne de 1200 hommes, chargés de se rendre maîtres de la tour de Carbonera. Le général Rey, à la tête du 43e régiment de ligne, ne lui laissa pas le temps d'arriver; il marcha à sa rencontre et le força de regagner ses rochers inaccessibles. Dans cette affaire, Ballesteros n'échappa qu'avec des peines infinies à la poursuite de nos voltigeurs.

Le chef de bataillon Ferran, officier plein de bravoure, qui marcha plus d'une heure à leur tête, le tint quelques instants si étroitement serré qu'il n'eût pu le manquer, s'il avait eu seulement une centaine de toises à parcourir.

Le 15 octobre, Ballesteros est de nouveau battu à Puerto-de-Oyen.

A cette même époque, le duc de Dalmatie sentant tous les avantages que lui donnerait l'occupation de Tarifa, point sur lequel se dirigeaient presque toutes les expéditions de Cadiz, donna l'ordre au duc de Bellune de s'en emparer; après des lenteurs qui conduisirent jusqu'à la saison des pluies, celui-ci chargea de ce siège ce même général Leval, dont nous avons fait connaître les hauts faits à la bataille de Chiclana. Il avait sous ses ordres ces mêmes troupes qui s'étaient immortalisées dans cette journée; mais ici le succès ne couronna pas également leur courage.

La place de Tarifa était défendue par 3,000 hommes, Anglais et Espagnols. La tranchée fut ouverte le 25 décembre à 120 toises de la place, malgré le feu continuel de deux frégates et de plusieurs chaloupes anglaises, et malgré l'intempérie de la saison. Le 30 on ordonna l'assaut, cet ordre fut reçu avec acclamations. Malgré la vivacité du feu, nos soldats étaient déjà parvenus au pied de la brêche, lorsqu'ils furent tout-à-coup arrêtés par un fossé bourbeux qui couvrait tout le front de l'attaque, et qu'on avait négligé de sonder : grossi par les pluies qui n'avaient pas cessé depuis le commencement du siège, il présentait un obstacle insurmontable. Le général Leval ne voulant pas laisser ses braves exposés sans motif à toute l'artillerie ennemie, donna le signal de la retraite. Les batteries françaises continuèrent néanmoins leur feu jusqu'au 4 janvier 1812, époque à laquelle il reçut l'ordre de lever le siège et de se réunir au 4_e corps d'armée. L'état des chemins et la crue des rivières s'opposant aux transports des pièces de siège, la plupart furent enterrées.

Cet ordre tenait à un grand mouvement offensif que l'armée anglaise, victorieuse en Portugal, menaçait de faire dans la Basse-Estramadure. Le maréchal duc de Dalmatie pressentait depuis long-temps les projets de Wellington ; résolu de mettre tout en œuvre pour repousser une attaque qui compromettrait sa position, il ne songeait plus qu'à réunir ses réserves pour se porter, à la nouvelle du péril, vers le point qui serait le plus gravement menacé.

Le triomphe des armées alliées était le signal de l'apparition des guérillas dans toute l'étendue de la Péninsule. Plusieurs chefs de partisans dont on n'entendait plus parler depuis long-temps, reparaissaient avec plus d'audace et à la tête de colonnes plus considérables que jamais. Les chefs de corps sentaient la nécessité de se concentrer pour opposer de plus fortes masses à l'ennemi. Ces mouvements louables sans doute, en ce qu'ils diminuaient les dangers de nos soldats, avaient le grave inconvénient d'abandonner à la merci des rebelles de vastes étendues de terrein, où ils avaient la facilité de s'organiser. Non contents de s'emparer, aux portes de Madrid, des approvisionnements destinés à la cour, ils poussaient la hardiesse jusqu'à venir enlever des Français dans les quartiers retirés de la ville et dans les promenades peu fréquentées. Les plus sévères mesures de police ne les intimidaient pas, et ce n'était qu'avec une certaine crainte que le roi Joseph lui-même se décidait à quitter, sous une escorte nombreuse, le palais qu'il habitait dans la capitale, pour aller passer la nuit à une maison de plaisance qui n'en était pas éloignée d'une demi-lieue.

CHAPITRE VI.

Inaction des assiégeants et des assiégés. — Ballesteros battu à Bornos par le général Conroux, se retire encore une fois sous les batteries de Gibraltar. — Nouvelle expédition de ce chef de partisans sur Ossuna. Conduite héroïque du colonel Beauvais. Ballesteros regagne son refuge ordinaire. Sa jactance. — Bataille des Arapiles perdue par le maréchal Marmont, duc de Raguse, ses résultats. Le général Clausel sauve l'armée française. Belle retraite du général Foy. — Abandon de Madrid. L'évacuation de l'Andalousie est arrêtée. Levée du siège de Cadiz. Regrets des assiégeants. Transports d'allégresse des assiégés. — Retraite du maréchal Soult. Ballesteros regardant comme au-dessous de lui d'obéir à Wellington, n'inquiète point la marche de l'armée française. — Jonction du duc de Dalmatie et du roi Joseph sur les confins du royaume de Valence. — Conclusion de l'ouvrage.

Les six premiers mois de 1812 ne furent marqués par aucun événement remarquable parmi les troupes qui formaient le blocus de Cadiz. Les officiers d'artillerie et du génie ayant reconnu que tout le résultat de leurs énormes mortiers se réduisait à quelques maisons endommagées et quelques individus tués, ne pressaient plus avec la même activité le bombardement de la place ; de son côté la flotille ennemie avait presque cessé d'incommoder la nôtre.

Ballesteros seul ne s'endormait pas au milieu de l'inaction générale. Instruit que la division Conroux occupait les hauteurs de Bornos qu'on avoit fortifié sur la rive droite du Guadalète, il forma le projet de la surprendre, sortit secrètement du camp de St.-Roch et par Ubrique, à l'aide d'une marche forcée, vint l'attaquer le premier juin à la tête d'une colonne de 7000 hommes. Le général Conroux qui s'attendait à cette manœuvre par les avis que lui avait donnés le chef d'escadron Bory de Saint-Vincent, commandant alors une forte colonne mobile de cavalerie chargée de harceler et d'observer le général espagnol; le général Conroux dis-je, avait concentré ses forces dans ses retranchements. Ballesteros ne douta pas que cette simple mesure de prudence ne fût le résultat de la terreur que son nom seul inspirait. Il donna donc le signal de l'attaque dès la pointe du jour, et ses troupes auxquelles il avait fait partager sa confiance, attaquèrent avec beaucoup de résolution, mais avec si peu d'ordre et d'union, que le général Conroux vit d'un coup-d'œil que le moment était venu de leur faire payer cher une imprudence. En conséquence il sort rapidement de son camp, marche droit à l'ennemi, entame ses bataillons confus, les culbute et les met dans une déroute complète.

Les Français poursuivirent les soldats de Ballesteros, la bayonnette dans les reins, sur les pentes rapides des hauteurs, jusqu'à l'Angostura, que forme le Guadalète, où se noyèrent un grand nombre de fuyards. La colonne de cavalerie du chef d'escadron Bory de Saint-Vincent qu'avait attiré d'Espera le bruit de la bataille, étant arrivée au galop sur ces entrefaites poursuivit les vaincus jusque vers Asnar, en faisant un grand massacre. La perte des Espagnols fut évaluée à 1500 hommes tant tués que blessés, la cavalerie ne fit pas de prisonniers. On leur enleva quatre pièces de canon de campagne et deux drapeaux. La nôtre s'éleva à 500 hommes environ mis hors de combat. Un aide-de-camp du général Conroux fut tué à côté de cet intrépide officier.

Le général Conroux s'attendait à voir reparaître Ballesteros, suivant sa coutume, aussitôt que le premier moment de frayeur de ses troupes serait passé. Il l'attendait avec d'autant plus d'impatience, qu'il venait de recevoir de devant Cadiz un renfort de 6 bataillons et d'un régiment de dragons. Son espoir fut déçu; Ballesteros se porta d'abord sur Alcala de los Gazules d'où il regagna ensuite son refuge ordinaire, le camp de Saint-Roch et le voisinage des batteries protectrices de Gibraltar.

Vers la fin de juillet, il entreprit une nouvelle expédition dont le succès ne fut pas aussi complet qu'il avait tout lieu de l'espérer. La ville d'Ossuna, dans la province de Séville, renfermait une garnison insuffisante pour sa défense : le colonel d'état-major Beauvais qui la commandait, n'avait pour toute force qu'un bataillon du 32e régiment de ligne et 60 chevaux du 14e de dragons. Obligé de disséminer cette poignée de troupes pour garder une étendue de pays de 15 lieues, il se trouvait avec 110 hommes au milieu d'une population de 6000 ames ivre de l'amour de la patrie, c'est-à-dire, fort mal disposée en faveur des Français.

Instruit de ces différentes particularités, Ballesteros se présenta devant les murs des premiers jardins de la ville, qui avaient été convertis en fortifications, le 25 juillet à 2 heures du matin. Quoiqu'il eût sous ses ordres deux mille cinq cents hommes dont 300 cavaliers, il ne crut pas devoir essayer de forcer nos avant-postes qui cependant étaient hors d'état de résister à une attaque sérieuse. Il évita soigneusement leur rencontre et parvint au milieu de la ville, guidé par plusieurs habitants qu'il avait gagnés d'avance.

Le colonel Beauvais s'éveille en sursaut, il se met à la tête des cinq soldats de garde chez lui, ouvre la porte de sa maison, se fait jour à travers la masse des grenadiers qui l'environnent, en tue deux de sa propre main, regagne, avec une balle au bras et un coup de bayonnette à la cuisse, la place où ses troupes sont déjà en bataille.

Se mettre à lur tête, les conduire en colonnes

serrées à travers des flots d'ennemis et sans perdre un homme, dans un bâtiment situé sur une éminence et destiné à servir de retraite en cas de besoin, et là renforcé de trente hommes qui en formaient la garnison et des avant-postes négligés par Ballesteros aux entrées de la ville, repousser jusqu'à 6 heures du soir toutes les attaques dirigées contre son refuge, telle fut l'action héroïque par laquelle le colonel Beauvais s'immortalisa dans cette occasion.

Ballesteros apprenant qu'une colonne arrivait de la frontière de Grenade à sa poursuite, se retira en toute hâte, laissant 60 tués et blessés et emmenant cinquante prisonniers parmi lesquels un grand nombre d'employés d'administration, surpris dans leurs domiciles.

A sept heures du soir, la ville était totalement évacuée par l'ennemi et les troupes avaient repris leurs postes. Ballesteros entra au camp de Saint-Roch avec son butin, et le lendemain dans un rapport ridiculement exagéré, il annonça à la régence de Cadiz qu'il avait anéanti les deux tiers de la garnison d'Ossuna, détruit tous les approvisionnements, et tué de sa propre main le gouverneur. On assure que, pour donner quelque couleur à ses récits mensongers, il avoit acheté d'un de ses soldats un habit du colonel Beauvais enlevé dans le pillage de sa maison, et qu'il se faisait un plaisir de le montrer comme son plus beau trophée.

Cependant tandis que les troupes du duc de Dalmatie partout triomphantes conquéraient les Andalousies, que le maréchal Suchet vainqueur de Valence, et pacifiant ce beau pays, communiquait par le royaume de Murcie avec la cavalerie de l'armée du midi, la bataille des Arapiles, perdue par le duc de Raguse, remettait tout en question dans le nord de la péninsule. Cette bataille mémorable devait, de l'avis des plus habiles militaires, avoir des conséquences bien autrement graves qu'elle n'en eût, et compromettre le salut de l'armée française. Le sang-froid et la présence d'esprit du général Clausel la sauvèrent heureusement d'une ruine complète. Nous ne nous appesentirons pas davantage sur la faute impardonnable que commit le maréchal duc de Raguse dans cette occasion : « Elle offre, suivant
» l'expression des auteurs des *Victoires et con-*
» *quêtes*, un exemple mémorable des funestes
» conséquences que peut entraîner la confiance
» présomptueuse d'un général d'armée. » « Cette
» bataille, ajoute M. Bory de Saint-Vincent
» dans son bel ouvrage sur l'Espagne, déjouant
» de savantes manœuvres du maréchal Mar-
» mont, prouva qu'il ne suffit pas à la guerre
» de savoir combiner des mouvements. La route

» de Madrid demeura ouverte au vainqueur ; ce-
» lui-ci, tout alarmé d'un succès qu'il n'eût pas
» obtenu s'il eût été attaqué comme il devait
» l'être, n'osa s'y lancer. » Reposons nos regards sur la belle conduite du général Foy, soutenant avec sa division les attaques multipliées d'un ennemi victorieux, et parvenant à protéger la retraite de l'armée vaincue à travers des difficultés incalculables. Admirons aussi le général Clausel qui reforme bientôt avec de déplorables débris, une armée capable de contenir la vieille Castille et de faire échouer le siège de Burgos

L'abandon de Madrid fut une des premières conséquences de la perte de la bataille des Arapiles. Le roi Joseph eut tout le temps d'évacuer cette capitale avec l'armée du centre, et dès le lendemain lord Wellinghton y fit son entrée à la tête des troupes coalisées. Le maréchal Soult apprenant ces désastres, fut au moment de s'établir en Andalousie qu'il ne pouvait se résoudre à quitter après l'avoir conquise et gouvernée avec tant de gloire. Des ordres réitérés, apportés de la part du roi par des agens déguisés, le déterminèrent moins que son attachement pour la France, au sacrifice d'un grand pouvoir. Il résolut enfin l'évacuation pour le 11 août.

En conséquence, les troupes employées au blocus de Cadiz reçurent l'ordre de lever le siège et de se porter vers Séville. Il serait impossible de peindre le regret avec lequel elles détruisirent ou jetèrent à la mer ces bouches homicides qui avaient si long-temps fait trembler leurs ennemis. Des larmes s'échappèrent de tous les yeux, lorsqu'il fallut abandonner ces redoutes formidables, fruits du talent de nos ingénieurs et de la patience de nos ouvriers. Depuis deux ans et demi qu'il occupait les approches de Cadiz, le premier corps s'était tant de fois bercé de l'espoir d'y planter ses aigles victorieuses, et il fallait renoncer pour toujours à cette douce illusion ! cette idée occupait tous les esprits et resserrait tous les cœurs.

Après avoir renversé leurs redoutes, jeté une grande partie de leurs munitions et de leur artillerie à la mer, brûlé leur flotille et leurs cabanes, les Français abandonnèrent la ligne qu'ils occupaient devant Cadiz entre Chiclana et le port Sainte-Marie, le 25 août 1812. Leur retraite s'effectua dans le plus grand ordre sous la protection de la cavalerie.

Le même jour, les Espagnols sortirent de leurs murs et vinrent occuper les positions de Puerto-Réal et de Chiclana : toutefois la joie que leur causait leur délivrance, était trop vive pour qu'ils songeassent en aucune manière à la poursuite de leurs oppresseurs. On s'abordait, on se serrait la main, on se félicitait réciproquement; les vieilles haines étaient oubliées; la ville et les environs ne renfermaient plus que des amis. Les temples retentissaient d'actions de grâce, et le bruit de l'artillerie et le son de toutes les cloches apprenoient à l'Espagne que Cadiz était enfin libre.

Le lendemain, toutes les redoutes qu'avait occupées l'armée française, étaient couvertes des flots d'un peuple ivre de joie. Chacun voulait voir à son tour ces ouvrages formidables qui lui avaient causé de si justes craintes : on les quittait et l'on y revenait encore.

Fiers de jouir enfin des résultats de ce noble enthousiasme qu'ils avaient conservé dans le sein de l'héroïque Cité, les mandataires du peuple n'attendaient plus que le moment où il leur serait permis de s'acheminer vers Madrid pour y proclamer le rétablissement de l'antique dynastie, confondu dans cette sainte constitution que l'amour de la patrie leur avait inspirée sous le feu même des batteries françaises.

Le maréchal Soult ayant rassemblé toutes ses forces, opéra tranquillement son mouvement de retraite sans être fort incommodé par les troupes ennemies. Ballesteros qui eût pu le harceler efficacement dans ce mouvement rétrograde, semblait renoncer à une nouvelle gloire. Il eût dû se ranger sous le commandement direct de lord Wellington à qui la régence venait de conférer le titre de généralissime des armées espagnoles. Ballesteros préféra l'exil à ce qu'il regardait comme une humiliation : il déposa les armes, et fut relégué à Ceuta en Afrique.

Le maréchal Soult, craignant qu'après des succès inouis, le général anglais, maître de la capitale, n'occupât la Manche pour gêner sa réunion aux troupes du roi, au lieu de se diriger par la grande route de la Sierra-Morena, prit la direction de Grenade, de Baza, de Huescar et du nord de Murcie. Le général Villate qu'il avait laissé en arrière-garde à Séville s'y laissa honteusement surprendre. Ce fut le seul échec qu'on éprouva dans cette retraite qui ne fut pas un instant dangereuse, si ce n'est par l'appréhension de la fièvre jaune qui exerçait ses ravages dans le nord de la province de Murcie. Ce même général Villate qui s'était laissé surprendre honteusement à Séville, faillit introduire ce fléau dans l'armée en permettant à des troupes d'entrer dans Ziézar, ville infectée de la contagion. Néanmoins l'armée arriva saine et sauve à Yecla, d'où le duc de Dalmatie put se mettre en communication avec le roi et le maréchal Suchet dont les avant-postes étaient sous Villena; il joignit l'un et l'autre à Fuente de la Higuera, où des plans furent faits pour régler les opérations ultérieures.

Tel fut le siège de Cadiz qui tint si longtemps en échec les troupes du premier corps de l'armée française. Dès le commencement il était facile de prévoir un pareil résultat, en voyant que, loin d'être en mesure d'augmenter cette force insuffisante, le duc de Dalmatie était obligé de la morceler presque tous les jours afin de secourir quelque point menacé. Pour pouvoir seulement attaquer Cadix sérieusement, disait alors le duc de Bellune à tous les officiers que le maréchal Soult lui expédiait, il eût fallu toute l'armée d'Andalousie rassemblée sur cette ligne immense qui s'étend de Chiclana au port Sainte-Marie ; il eût fallu, au lieu de s'occuper à lancer des batteries de Matagorda des bombes qui n'incommodaient que très faiblement la place, diriger la masse de nos forces contre l'île de Léon et ne rien négliger pour s'en rendre maître ; et l'île de Léon conquise, Cadiz ne l'était pas encore.

Les difficultés qui s'opposaient à la prise de l'île de Léon, n'étaient rien en comparaison de celles qu'il fallait vaincre pour pénétrer ensuite par terre dans la place.

Les Français possesseurs de l'île auraient été d'abord obligés de franchir le Rio-Adrillo, petit canal qui la séparait autrefois de l'isthme, et qui comblé par les alluvions, n'est plus aujourd'hui qu'un marais dont l'approche pourrait être défendu avec avantage. Après le Rio-Adrillo se présente, comme nous l'avons déjà dit, Torre-Gorda, petit fort qui eût pu également opposer quelque résistance. Je suppose que, malgré ces deux obstacles, on fût parvenu à la Cortadura, cette coupure qui partage l'isthme et intercepte la communication entre Cadix et l'île, c'eût été là que le péril eût véritablement commencé. La Cortadura, avec ses fortes batteries, eût arrêté nos troupes devant ses redoutables fossés remplis par la mer. On n'était qu'à une demi-lieue de Cadiz; mais que de difficultés à vaincre pour y arriver ! la Cortadura avec ses batteries et ses fossés, l'isthme dont le peu de largeur empêche d'y pousser des reconnaissances, une mine pratiquée dans toute la longueur de cette langue de terre jusqu'à portée de canon des remparts, ce front admirable de fortifications qui en défend les approches, tout se fût réuni pour faire regarder le succès de cette entreprise comme une chose très peu probable.

L'attaque par mer n'eût pas offert plus de chance de succès. Tandis que la baie de Cadiz offre toute sûreté aux vaisseaux, sa grande rade située en dehors des forts de Puntales et de Matagorda, entre les positions de Sainte-Catherine et de Rota, est ouverte au vent du N. O., et le mouillage n'y est pas tenable par le gros temps.

Alors il ne reste d'autre ressource à la croisière que d'appareiller, trop heureuse si les courants qui portent vers le détroit et les vents qui soufflent en hiver dans cette direction, ne l'obligent pas à chercher un refuge dans la Méditerranée.

Qu'avions-nous d'ailleurs alors devant Cadiz ? une flotille incapable d'agir sérieusement contre l'escadre anglaise qui en défendait les approches. Mais eussions-nous eu des forces navales plus considérables, les écueils qui s'étendent bien en avant dans la mer sur les points où elles auraient pu s'approcher de la ville, les feux des vaisseaux anglais, des batteries de Saint-Sébastien et des fortifications de la place, les eussent certainement toujours tenues à une distance respectable, et eussent considérablement affaibli le cruel effet du bombardement. Des circonstances d'une nature toute particulière favorisèrent celui des Anglais en 1797. Il ne peut servir de point de comparaison.

Il ne nous restait donc plus que la ressource d'affamer la place et la voie des arrangements. Le premier moyen était impraticable; la situation de Cadiz lui permettait de recevoir chaque jour par mer toutes les provisions qui lui étaient nécessaires. Quant au second, on n'y avait pas encore songé dans ce temps-là : on n'offre de l'or qu'à l'homme qu'on méprise. Les Espagnols, par leur héroïque résistance, s'étaient attiré l'estime de ceux qui les combattaient : on savait qu'ils aimaient trop leur patrie pour consentir à la vendre.

FIN.

TABLE DES MATIÈRES.

                                                      Pages.

Epitre dédicatoire au général Foy.   v
Un mot au Lecteur.   vj

CHAPITRE I.

1810 janvier. Situation de l'Espagne au commencement de l'année 1810.   1

L'empereur Napoléon adopte l'idée du siège de Cadiz.   2

L'armée française commandée par le roi Joseph en personne, franchit la chaîne de montagnes connue sous le nom de Sierra-Morena. Elle entre dans l'Andalousie.   4

5 février. Beaux faits d'armes du général Sébastiani. Prise de Malaga et de Séville.   5

Cadiz est presque sans défense, mais un jour perdu devant Séville, donne au duc d'Albuquerque le temps de s'y jeter avec 6,500 hommes. Le maréchal Victor chargé du blocus de la place n'arrive que le lendemain sur les rivages de la baie.   8

Il s'empare, après douze jours de siège, du fort de Matagorda.   11

CHAPITRE II.

Description de l'île de Léon et de la ville de Cadiz.   12
Leurs limites. Leurs fortifications.   13
Origine de Cadiz. Cette ville sous la domination des Phéniciens et sous celle de Rome.   15
Magnificence des temples. Sacrifices.   16

	Rues et places. Couvents et monastères. Quelques miracles en passant.	17
	Population composée de presque tous les peuples de l'Europe.	18
	Commerce et luxe. Danses voluptueuses et courses de taureaux.	
	Plan des principales maisons de Cadiz, leur ameublement. Elles ne ressemblent pas à celles des autres villes d'Espagne.	19
	Température, maladies, fureur, peste, délire.	20
	Manque d'eau. Moyens mis en usage pour la conserver.	
	Aridité des environs.	

CHAPITRE III.

	Le général Blacke nommé au commandement de la garnison de Cadix.	21
	Ses forces. Sir Thomas Graham.	22
1810	Lignes françaises et espagnoles. Nouveaux mortiers lançant des bombes à près de trois mille toises.	
15 mai.	Alerte à Matagorda et aux environs. Evasion des prisonniers français détenus à bord du ponton la Castille.	23
26 ».	Evasion des prisonniers français détenus à bord du ponton l'Argonaute.	27
28 sept.	Affaire d'avant-postes.	28
31 octob.	Nouvelle flotille française. Sa victoire sur les Anglais.	29

CHAPITRE IV.

1811. janvier.	Affaires de Portugal. Le maréchal Soult se porte en Estramadure avec 22,000 hommes.	31
	Le peuple de Cadiz, les Cortès et la constitution.	32

Projet des assiégés. 33

5 mars. Affaire de Chiclana. L'ennemi acculé à la mer et cerné par nos troupes. Arrivée du général anglais Graham sur le champ de bataille. Il se rend maître de la hauteur de la Barroza longtemps disputée. Le général Ruffin blessé et fait prisonnier. Il meurt sur le bâtiment qui le portait en Angleterre, à la vue des côtes de France. Retraite des troupes alliées dans l'île de Léon. Résultats de l'affaire. Pertes de part et d'autre. Mort du général Chaudron - Rousseau et du colonel Autié. Une aigle française au pouvoir des ennemis. 35

CHAPITRE V.

6 mars. L'amiral Keath attaque par mer nos positions en face de Cadiz. Il est repoussé. 41

Quelques réflexions sur la bataille de Chiclana. 42

Le général Darricau met Ballesteros en déroute. Le colonel Vinot défait de son côté les montagnards de la Sierra de Ronda. 44

Les généraux Godinot et Sébastiani envoient trop tard des secours au duc de Bellune. 45

Quelques escarmouches.

Ballesteros poursuivi par les généraux Barrois, Sémélé et Godinot, cherche un refuge sous le canon de Gibraltar. 46

Godinot échoue dans son entreprise contre Tarifa. Il se brûle la cervelle au retour de cette expédition. 47

5 octobre. Ballesteros poursuivi deux fois par le général Sémélé, va se cacher, suivant sa coutume, sous le canon de Gibraltar. 48

28 nov.	Il est de nouveau mis en déroute par le général Rey.	49
25 déc.	Siège de Tarifa par une division du maréchal Victor. Ce siège est levé.	50
1812. janvier.	Situation de l'Espagne. Guérillas.	51

CHAPITRE VI.

	Inaction des assiégeants et des assiégés.	53
1.er juin.	Ballesteros battu à Bornos par le général Conroux, se retire encore une fois sous les batteries de Gibraltar.	54
25 juillet.	Nouvelle expédition de ce chef de partisans sur Ossuna. Conduite héroïque du colonel Beauvais. Ballesteros regagne son refuge ordinaire. Sa jactance.	55
	Bataille des Arapiles perdue par le maréchal Marmont, duc de Raguse, ses résultats. Le général Clausel sauve l'armée française. Belle retraite du général Foy.	58
25 août.	Abandon de Madrid. L'évacuation de l'Andalousie est arrêtée. Levée du siège de Cadiz. Regrets des assiégeants. Transports d'allégresse des assiégés.	59
	Retraite du maréchal Soult. Ballesteros regardant comme au-dessous de lui d'obéir à Wellington, n'inquiète point la marche de l'armée française.	61
	Jonction du duc de Dalmatie et du roi Joseph sur les confins du royaume de Valence.	62
	Conclusion de l'ouvrage.	63

FIN DE LA TABLE DES MATIÈRES.